# Afirmaciones

*Más de 1000 afirmaciones positivas y diarias de riqueza, éxito, dinero, abundancia, salud, amor y pensamiento positivo*

© **Derechos de autor 2019**

Todos los derechos reservados. Este libro no puede ser reproducido de ninguna forma sin el permiso escrito del autor. Críticos pueden mencionar pasajes breves durante las revisiones.

Descargo: Esta publicación no puede ser reproducida ni transmitida de ninguna manera por ningún medio, mecánico o electrónico, incluyendo fotocopiado o grabación, o por cualquier sistema de almacenamiento o recuperación, o compartido por correo electrónico sin el permiso escrito del editor.

Aunque se han realizado todos los intentos por verificar la información proporcionada en esta publicación, ni el autor ni el editor asumen responsabilidades por errores, omisiones o interpretaciones contrarias con respecto al tema tratado aquí.

Este libro es solo para fines de entretenimiento. Las opiniones expresadas son solo del autor y no deben tomarse como instrucciones de expertos. El lector es responsable de sus propias acciones.

La adherencia a todas las leyes y normativas aplicables, incluidas las leyes internacionales, federales, estatales y locales que rigen las licencias profesionales, las prácticas comerciales, la publicidad y todos los demás aspectos de la actividad comercial en EE. UU., Canadá, Reino Unido o cualquier otra jurisdicción es responsabilidad exclusiva del comprador o lector

Ni el autor ni el editor asumen responsabilidad alguna en nombre del comprador o lector de estos materiales. Cualquier parecido con cualquier individuo u organización es pura coincidencia.

# Tabla de contenido

**PRIMERA PARTE: AFIRMACIONES PARA LA RIQUEZA** ................ 0

**INTRODUCCIÓN** ........................................................................... 1

**CAPÍTULO 1 - 50 AFIRMACIONES DE GRATITUD** ................... 4

**CAPÍTULO 2 - 50 AFIRMACIONES DE ABUNDANCIA** ............. 9

**CAPÍTULO 3 - 50 AFIRMACIONES SOBRE LA ATRACCIÓN DEL DINERO** .......................................................................................... 13

**CAPÍTULO 4 - 100 AFIRMACIONES DE ÉXITO Y RIQUEZA** ......... 17

**CONCLUSIÓN** ............................................................................... 24

**SEGUNDA PARTE: AFIRMACIONES POSITIVAS** ..................... 25

**INTRODUCCIÓN** ........................................................................... 26

**CÓMO UTILIZAR LAS AFIRMACIONES DE FORMA EFECTIVA** ........ 27

**CAPÍTULO 1 - 50 AFIRMACIONES DEL DINERO** ..................... 28

**CAPÍTULO 2 - 50 AFIRMACIONES DEL AMOR** ........................ 35

**CAPÍTULO 3 - 50 AFIRMACIONES SOBRE LA SALUD.** ............ 39

**CAPÍTULO 4 - 100 AFIRMACIONES POSITIVAS SOBRE LA FELICIDAD, LA ALEGRÍA, LA CONFIANZA Y LA GRATITUD** ............ 44

CONCLUSIÓN .................................................................................................. 51
TERCERA PARTE: AFIRMACIONES DIARIAS ................................ 52
INTRODUCCIÓN ........................................................................................... 53
CAPÍTULO UNO: CÓMO UTILIZAR AFIRMACIONES: 5 REGLAS PARA CREAR AFIRMACIONES PERFECTAS ................................... 56
CAPÍTULO DOS: AFIRMACIONES DE RIQUEZA, ABUNDANCIA Y PROSPERIDAD ............................................................................................ 60
CAPÍTULO TRES: AFIRMACIONES PARA EL AMOR ....................... 64
CAPÍTULO CUATRO: AFIRMACIONES PARA LA SALUD .............. 69
CAPÍTULO CINCO: AFIRMACIONES PARA LA FELICIDAD .......... 72
CONCLUSIÓN .................................................................................................. 76
CUATRO PARTE: AFIRMACIONES "YO SOY" .................................. 77
INTRODUCCIÓN ........................................................................................... 78
CAPÍTULO 1: CÓMO USAR LAS AFIRMACIONES .......................... 80
CAPÍTULO 2: LA RIQUEZA ..................................................................... 84
CAPÍTULO 3: LA SALUD ........................................................................... 86
CAPÍTULO 4: EL AMOR ............................................................................ 88
CAPÍTULO 5: LA CREATIVIDAD .......................................................... 90
CAPÍTULO 6: LA AUTOESTIMA ............................................................ 92
CAPÍTULO 7: LA ALEGRÍA ..................................................................... 94
CAPÍTULO 8: LA FELICIDAD ................................................................. 96
CONCLUSIÓN .................................................................................................. 98
QUINTO PARTE: AFIRMACIONES PARA EL ÉXITO ..................... 100
INTRODUCCIÓN ........................................................................................... 101
CAPÍTULO UNO: EL USO DEL PODER DE LAS AFIRMACIONES PARA AUMENTAR SU EFECTIVIDAD ................................................. 104
CAPÍTULO DOS: AFIRMACIONES PARA LA CONFIANZA EN SÍ MISMO ............................................................................................................ 108
CAPÍTULO TRES: AFIRMACIONES PARA EL ÉXITO ..................... 112

**CAPÍTULO CUATRO: AFIRMACIONES PARA LA RIQUEZA, LA PROSPERIDAD Y LA ABUNDANCIA** .......................................................... 117

**CAPÍTULO CINCO: AFIRMACIONES PARA RELACIONES BENEFICIOSAS** ................................................................................. 123

**CONCLUSIÓN** ........................................................................................ 127

# Primera Parte: Afirmaciones para la riqueza

*250 afirmaciones positivas sobre vivir en abundancia y atraer dinero*

# Introducción

"Usted es lo que piensa", dijo Earl Nightingale en su famoso libro *El secreto más extraño*. Usted se convierte en lo que piensa la mayoría de las veces. Si una persona alimenta su mente con pensamientos negativos, experimentará la vida a través de una lente oscura. Las cosas pequeñas que no deben afectarle se volverán más grandes de lo que realmente son, ya que la mente está enfocada en lo peor en lugar de lo mejor. Una persona que vive con pensamientos mayormente negativos tiene una mente centrada en los problemas, en lugar de las oportunidades. Ahora, ¿quiere usted saber una triste verdad? La mayoría de la gente vive con esta mente. ¿Y realmente se pueden culpar? La mayoría de los medios de comunicación ciertamente no nos ayudan a lograr un estado mental feliz. Su mantra es "las noticias negativas se venden" y, por lo tanto, se involucran en actividades de miedo. ¿Y quiere saber otra triste realidad? Les funciona muy bien. La razón por la que funciona es porque los humanos estamos diseñados para sobrevivir y no para prosperar. Si bien es bueno para nuestra especie que nuestro cerebro tenga su modo predeterminado centrado en la supervivencia, no garantiza el éxito personal. Si lo hiciera, veríamos a más personas floreciendo tanto a nivel personal como financiero.

Ahora, lo bueno para usted es que ya se adelantó a la mayoría de las personas, ya que ciertamente es consciente del poder de la mente. Probablemente ya sepa que su mente es como una computadora fuerte capaz de cosas increíblemente impresionantes. Su trabajo es como el de un programador. Necesita estar atento a las puertas de su mente y alimentarlo con palabras que le den poder.

Este libro puede ayudarlo si desea vivir en un estado de abundancia. Además, al utilizar las afirmaciones de este libro, es de esperar que usted pueda encontrar oportunidades para crear riqueza que antes no podía ver. Para aprovechar al máximo este libro, se recomienda que haga una pausa y reutilice una afirmación que sienta que encaja especialmente con usted. Además, para que las afirmaciones funcionen de manera efectiva, debe poner su corazón en las ideas que se presentan. Deje al escéptico atrás y confíe en el proceso para que pueda alcanzar sus metas y sueños. Empecemos, ¿está de acuerdo?

# Un resumen sobre el uso efectivo de las afirmaciones

**Primero,** declarar la afirmación en tiempo presente. Su objetivo es sentir que ya tiene las cosas que desea, sin importar las circunstancias externas. Esto le ayudará a atraer lo que quiera en el presente.

**Segundo,** sus afirmaciones solo deben contener palabras positivas. La razón para evitar palabras negativas como "nunca" o "no" es que su subconsciente no puede procesar las palabras negativas. En su lugar, elimina las palabras negativas, por ejemplo, una afirmación que dice "no soy pobre" se convertirá en "soy pobre", que es lo contrario de lo que usted quiere.

**Tercero,** las afirmaciones deben ser específicas y tratar con un objetivo a la vez. Puede tener varias afirmaciones sobre diferentes temas, pero el objetivo es mantener la afirmación individual enfocada.

**Cuarto,** se recomienda practicar una afirmación al menos 20 veces tres veces al día. Continúe con esta práctica hasta que su mente acepte completamente la afirmación como verdadera. Una vez que lo haga, repita la afirmación de manera continua para reforzar el efecto de esa sugerencia. Esfuércese por hacer que el uso diario de las afirmaciones sea una práctica de por vida.

Tenga en cuenta estas ideas importantes y respételas cuando cree una afirmación personal. Esto asegurará que afirme las sugerencias correctas y lo preparará para el éxito.

# Capítulo 1 - 50 Afirmaciones de Gratitud

*"Cuando eres agradecido, el miedo desaparece y aparece la abundancia..."*

- Tony Robbins

La gratitud es la base para vivir en un estado de abundancia y sin ella, no podrá encontrar la verdadera satisfacción ya que su mente nunca aprecia la abundancia que ya posee. Piénselo, usted vive mejor que un rey lo hacía solo hace un par de siglos. Se podría argumentar que incluso hace mejor una vida que un rey hace solo un par de décadas, ya que cuenta con tecnología que es tan útil. Entre muchas otras personas, también creo que la gratitud atraerá más cosas buenas a la vida, incluida la riqueza. Entonces, cuando usted estas afirmaciones, trate de sentir gratitud y exprésalas como si fuera la persona más rica del mundo. Hable con confianza y utilice su cuerpo de una manera que genere emoción. Recuerde que el movimiento crea emoción, por lo que al usar su cuerpo de manera confiada, se beneficiará al máximo de estas afirmaciones.

- Estoy agradecido por vivir en el siglo XXI.
- Estoy muy agradecido por todo el dinero que tengo.

- Siento aprecio por las cosas que el dinero me permite comprar.

- Amo la vida y estoy muy agradecido de ser parte de ella.

- Sé que la vida es un regalo.

- Mientras inhalo, disfruto del aire que energiza mi cuerpo y mi mente.

- Estoy muy agradecido por las oportunidades que la vida me ha brindado.

- Estoy muy agradecido por las oportunidades que la vida sigue brindándome.

- Siento gratitud hacia las personas porque sé que pueden ayudarme a alcanzar mis sueños.

- Estoy muy agradecido por lo que soy, ya que sé que puedo crear cosas magníficas.

- Estoy agradecido por estar en control.

- Me siento agradecido por las personas en mi vida.

- Estoy agradecido por las oportunidades que vendrán.

- Me dieron el regalo de la vida y la oportunidad de hacer lo que quiera de ella, y por eso estoy agradecido.

- Estoy agradecido por todos los recursos que tengo y los que vendrán.

- Estoy agradecido por mi ingenio y mi capacidad para encontrar soluciones.

- Veo lo bueno en los acontecimientos y las personas.

- Sé que las posibilidades de que naciera eran muy bajas y estoy muy agradecido por haber superado las probabilidades.

- La gratitud es mi antídoto contra el miedo y la ira. Ahora estoy en control de mis emociones.

- Estoy muy agradecido por mi capacidad de producir.

- Todos los días, estoy viviendo la vida al máximo como un agradecimiento a Dios por darme el regalo de la vida.

- Estoy muy agradecido por mi próspero futuro.

- Estoy agradecido por mi salud, la riqueza, el amor y la felicidad.

- Me está llegando una gran cantidad de dinero en este momento y por eso estoy agradecido.

- Estoy muy agradecido de que las personas me traten con respeto y se preocupen por mi bienestar.

- Estoy muy agradecido por todas mis necesidades.

- Doy gracias al universo por permitirme vivir mis sueños.

- Soy el maestro de mi vida y por eso estoy agradecido.

- Estoy muy agradecido por poder usar las cosas maravillosas que otros han creado.

- Estoy agradecido por todas las ideas de dinero que me llegan.

- Sé que solo hay que tener razón una vez para llegar a ser próspero financieramente y estoy agradecido de que ahora sea mi turno.

- Estoy agradecido porque sé que las personas exitosas quieren ayudarme, ya sea a través de libros, videos o en persona.

- Estoy agradecido por la abundancia de opciones que me han dado.

- Sé que la libertad es incierta para algunas personas en otras partes del mundo, por eso aprecio haber nacido aquí.

- Estoy agradecido por el dinero.

- Soy libre de vivir la vida en mis propios términos, y por eso estoy agradecido.

- Estoy agradecido por la gran cantidad de oportunidades para crear una abundancia de dinero.

- Sé que mi mente puede crear cosas increíbles y por eso estoy agradecido.

- Estoy muy agradecido de tener múltiples fuentes de ingresos.

- Estoy muy agradecido de que el dinero me llegue por avalanchas de abundancia de fuentes inesperadas de manera continua.

- Me encantan todos los eventos que el dinero me puede permitir experimentar.

- Estoy agradecido por mi increíble capacidad para resolver problemas y aportar un inmenso valor al mercado.

- Estoy agradecido por mi compromiso de vivir en abundancia.

- Sé que puedo sentir la sensación de abundancia cuando quiero, y por eso estoy muy agradecido.

- Doy gracias al universo por toda la prosperidad que experimento.

- El dinero fluye sin esfuerzo hacia mí y por eso estoy agradecido.

- La gratitud es un regalo de la vida y la experimento a diario.

- La abundancia es un estado natural para mí y me encanta.

- Vivo mejor que cientos de reyes antes que yo y por eso estoy agradecido.

- Estoy muy agradecido de que el dinero fluya con facilidad en mi cuenta bancaria.

# Capítulo 2 - 50 afirmaciones de abundancia

*"Cuando te enfocas en ser una bendición, Dios se asegura de que siempre seas bendecido en abundancia".*

*- Joel Osteen*

Para vivir una vida de verdadera abundancia, primero debemos tomar la decisión consciente de vivir en un estado hermoso sin importar qué. La vida no nos sucede, ella sucede para nosotros y con ese conocimiento en mente, podemos confiar en que el universo nos cuida y nos guía hacia la persona que queremos ser, así como a nuestro lugar deseado. Así que confíe en el proceso y elija relajarse respirando profundamente cada vez que surjan desafíos. Se colocan ahí para que se convierta en lo que Dios ha querido que usted sea.

- La riqueza de Dios está circulando en mi vida.
- Yo declaro que he elegido vivir en un hermoso estado.
- El universo quiere lo mejor para mí.
- Experimento avalanchas de abundancia y todas mis necesidades se satisfacen instantáneamente.

- La abundancia es algo con lo que sintonizamos.

- Elijo vivir en abundancia en cada momento del día por el resto de mi vida.

- Sé que estoy siendo guiado hacia mi verdadero ser.

- Vivo en abundancia financiera.

- Sé que siempre se satisfacen mis necesidades y que se me dan las respuestas.

- Todos los días, en todos los sentidos, me estoy volviendo cada vez más abundante.

- El universo me cuida bien, ya que siempre tengo lo que necesito.

- Mi vida está llena de todas las cosas materiales que necesito.

- Mi vida está llena de alegría y amor.

- El dinero fluye hacia mí en abundancia.

- Tengo todo en abundancia.

- La prosperidad se desborda en mi vida.

- Mis pensamientos son siempre sobre la prosperidad y la abundancia.

- Mis acciones conducen a la prosperidad y la abundancia.

- Yo declaro que estoy enfocado en la prosperidad y la abundancia y, por lo tanto, la atraigo a mi vida.

- La abundancia y la prosperidad están tanto dentro de mí como a mí alrededor.

- Yo declaro que permito que todas las grandes cosas entren en mi vida.

- Disfruto de las cosas buenas que fluyen en mi vida.

- Creo la prosperidad con facilidad y sin esfuerzo.

- Me apasiona la prosperidad y, por lo tanto, me resulta natural.

- Amo la abundancia y la atraigo naturalmente.

- El Universo entero está conspirando para hacerme abundante y próspero.

- Dejo de lado cualquier resistencia a la abundancia y la prosperidad y me viene de forma natural.

- Estoy agradecido por la prosperidad y la abundancia en mi vida.

- Estoy abierto y receptivo a toda la prosperidad que la vida ahora está dispuesta a darme.

- Estoy rodeado de prosperidad.

- Yo merezco ser rico.

- Mis visiones se están haciendo realidad.

- Gracias, universo, por todo lo que me has dado.

- Soy un imán para el dinero.

- La prosperidad es atraída hacia mí de forma natural.

- Siempre estoy usando el pensamiento de la abundancia.

- Soy digno de ser económicamente próspero.

- Soy uno con la energía de la abundancia.

- Yo uso el dinero para mejorar mi vida, así como también la vida de los demás.

- Soy el maestro del dinero.

- El dinero es mi sirviente.
- Puedo manejar grandes sumas de dinero.
- Me gusta tener grandes cantidades de dinero.
- Estoy en paz con las grandes sumas de dinero que fluyen hacia mí.
- El dinero conduce a oportunidades y experiencias.
- La abundancia de dinero crea un impacto positivo en mi vida.
- Es mi derecho de nacimiento vivir en un estado de abundancia.
- El universo me está guiando a más prosperidad en este momento.
- El dinero me llega en grandes cantidades y estoy listo para ello.
- La gente quiere que viva en abundancia y sé que lo merezco.

# Capítulo 3 - 50 afirmaciones sobre la atracción del dinero

*"Los pensamientos se convierten en cosas. Si lo ves en tu mente, lo tendrás en tu mano".*

— Bob Proctor, Tú naciste rico.

El dinero tiende a llegar a aquellos que tienen una mentalidad de prosperidad. Las afirmaciones de gratitud y abundancia que hemos visto en los capítulos anteriores deberían haber encendido su imán de dinero invisible para que usted pueda comenzar a atraer una abundancia de riqueza a su vida. A continuación, tiene 50 afirmaciones sobre la atracción del dinero.

- Estoy lleno de alegría y gratitud y amo que más y más dinero fluya hacia mí de forma continua.

- El dinero fluye hacia mí en avalanchas de abundancia de fuentes inesperadas.

- El dinero me llega cada vez más rápido.

- Merezco prosperidad y tener una gran cantidad de dinero en mi cuenta bancaria.

- Todos mis sueños, metas y deseos se cumplen instantáneamente.

- El universo está de mi lado y me está guiando hacia la riqueza.

- El universo está guiando la riqueza hacia mí.

- Me encanta el dinero y todo lo que puede comprar.

- Me siento agradecido por haber aumentado mi patrimonio neto sustancialmente cada año.

- El dinero fluye hacia mí con facilidad.

- Las ideas para ganar más dinero me vienen a menudo.

- Me siento bien por el dinero.

- Puedo hacer cosas buenas con dinero.

- Soy digno de prosperidad y de tener una gran cantidad de dinero.

- Libero todas mis creencias negativas sobre el dinero y permito que ingrese la abundancia financiera.

- El dinero siempre está cerca de mí.

- Las oportunidades para ganar más dinero me llegan sin esfuerzo.

- Doy valor y el dinero me ama por ello.

- Yo atraigo dinero con facilidad y ahora tengo más riqueza de la que jamás soñé posible.

- Yo soy rico y me siento increíblemente bien al respecto.

- Yo tengo una gran relación con el dinero.

- Soy agradecido por todo el dinero que tengo.

- Todos los días y de todas maneras, atraigo más dinero a mi vida.

- Ser rico es fantástico.

- Yo atraigo dinero sin esfuerzo.

- Ahora permito que el dinero fluya libremente en mi vida.

- Yo soy un imán de dinero y el dinero siempre será atraído hacia mí.

- Ahora me estoy relajando en una mayor prosperidad.

- Yo libero toda oposición al dinero.

- Yo merezco tener mucho dinero en mi cuenta bancaria.

- Las ideas para ganar dinero están entrando libremente en mi vida.

- La abundancia está a mí alrededor y me siento muy agradecido al respecto.

- Ser rico es mi estado natural.

- El universo me está ayudando a atraer dinero a mi vida en este momento.

- Yo soy próspero y aprecio todas las cosas buenas de mi vida.

- Yo soy afluente.

- Es fenomenal tener mucho dinero en mi cuenta bancaria.

- Yo amo el dinero y el dinero me ama a mí.

- Es muy fácil para mí ganar más dinero.

- Nací para ser un fabricante de dinero.

- Estoy dispuesto y listo para recibir más dinero ahora.

- Mis ingresos aumentan sustancialmente cada año.
- Felizmente recibo dinero con facilidad.
- El universo sigue dándome más y más dinero.
- Atraer dinero es fácil para mí.
- El dinero es bueno y con él puedo ayudar a otras personas a mejorar su vida.
- El éxito financiero es mi derecho de nacimiento.
- Una avalancha de dinero se está transportando hacia mí.
- Me siento bien por recibir grandes cantidades de dinero.
- Agradezco al universo por permitirme vivir en prosperidad.

# Capítulo 4 - 100 afirmaciones de éxito y riqueza

*"Tu acción positiva combinada con un pensamiento positivo da como resultado el éxito".*

- Shiv Khera

En este capítulo, veremos afirmaciones que puede utilizar para lograr una mente exitosa. ¿Qué es una mente exitosa? Bueno, es una mente que contiene creencias positivas y poderosas sobre el éxito en todos los aspectos de la vida. Se ha dicho que las personas temen al éxito más que al fracaso, y con esa mentalidad, es difícil lograr algo extraordinario. Las afirmaciones a continuación no solo le ayudarán a superar los bloqueos subconscientes que podrían impedirle vivir sus sueños, sino que también le ayudarán a detectar cualquier oportunidad de creación de riqueza y, lo que es más importante: le animaremos a actuar para perseguirlos.

- Mis creencias dan forma a mi realidad.
- Yo me doy cuenta de que soy el creador de mi vida.
- Yo decido hacer de mi vida una obra maestra.

- Sé que, si lo creo, puedo verlo.

- Siempre he estado destinado a hacerme rico.

- Encuentro muchas oportunidades para crear prosperidad y abundancia.

- Yo doy y recibo.

- Yo vivo por las palabras "dejar ir y crecer". Por eso me resulta fácil perdonarme a mí mismo y a los demás.

- Yo estoy agradecido por las lecciones que mi pasado me ha dado.

- Yo soy un gran dador; también soy un gran receptor.

- Entiendo que mi abundancia de dinero puede hacer del mundo un lugar mejor.

- El universo responde a mi mentalidad de abundancia dándome más prosperidad.

- Yo defino mi sueño y siento gratitud por su realización.

- Yo me visualizo viviendo mi sueño todos los días.

- Yo demuestro buenas vibraciones sobre el dinero.

- Yo soy abundante en todos los sentidos.

- Estoy agradecido por todo el dinero que tengo. Estoy agradecido por toda la prosperidad que recibí.

- Estoy agradecido por el momento presente y me enfoco en la belleza de la vida.

- Me pago primero a mí y hago que mi dinero se multiplique.

- Tengo una mente millonaria y ahora entiendo los principios detrás de la riqueza.

- Me encanta la libertad que me da el dinero.
- Yo soy multimillonario.
- Elijo ser yo y libre.
- Hay una cantidad infinita de oportunidades para crear riqueza en el mundo.
- Veo oportunidades para crear riqueza y actuar sobre ellas.
- Mi lema es actuar y adaptarse.
- Las respuestas siempre parecen venir a mí.
- Tengo una actitud de gratitud.
- Yo merezco hacerme rico.
- Yo merezco tener lo mejor en la vida.
- Yo soy una persona maravillosa con paciencia.
- Yo confío en que el universo me guiará a mi verdadero llamado en la vida. Sabiendo esto tengo una sensación de calma.
- Sé que me estoy convirtiendo en lo mejor que puedo ser.
- Me siento conectado a la prosperidad.
- Amo el dinero y me doy cuenta de todas las grandes cosas que puede hacer.
- Estoy alineado con una cantidad tremenda de dinero.
- El dinero me ama y por lo tanto seguirá fluyendo hacia mí.
- Utilizo mis ingresos de manera inteligente y siempre tengo un gran excedente de dinero al final del mes.
- Realmente amo el sentimiento de ser rico. Disfruto de la libertad que me da.

- Es fácil para mí entender cómo funciona el dinero.

- Elijo pensar en formas que me apoyen en mi felicidad y éxito.

- Yo soy un excelente administrador de dinero.

- Me doy cuenta de que el éxito en cualquier cosa deja pistas.

- Sigo la fórmula de las personas que han creado una fortuna.

- Creo mucho valor para los demás.

- Yo soy una persona valiosa.

- Mi vida está llena de abundancia.

- Conozco la regla 80 20 que establece que el 80% de los efectos provienen del 20% de las causas.

- El 20% de mis actividades producen el 80% de los resultados.

- Yo elijo enfocarme en las cosas más importantes de mi vida.

- Yo elijo hacerme rico.

- Hago que mi dinero se multiplique invirtiéndolo sabiamente.

- Me pago primero a mí. El 10% de mis ingresos funciona para mí.

- El dinero funciona para mí.

- Incremento mi capacidad de ganar estableciendo objetivos concretos y trabajo para lograrlos.

- Al implementar la regla 80 20 en mi vida, incremento mi productividad y rentabilidad.

- Me enfoco en las áreas más importantes de mi vida y elimino, delego o automatizo el resto.

- El tiempo está de mi lado ahora.

- Todos los días me estoy volviendo mejor, más inteligente y más hábil.

- Creo que otras personas quieren que tenga éxito y me ayudan felizmente en mi sueño.

- Yo sé cómo manejar a las personas.

- Sonrío a menudo y recuerdo los nombres de las personas.

- Doy aprecio sincero y enfoque en la otra persona.

- Yo hago que las personas se sientan importantes.

- Elogio la mejora y llamo la atención indirectamente sobre los errores de las personas. Hago que la culpa parezca fácil de corregir.

- Yo soy un gran líder y la gente está feliz de hacer lo que sugiero.

- Yo soy un buen oyente que alienta a la otra persona a hablar de sí misma.

- Trato honestamente de ver las cosas desde la perspectiva de otras personas.

- Coopero con los demás, cuyas mentes trabajan en perfecta armonía para el logro de un objetivo definido común.

- Yo tengo un propósito y un plan.

- Yo soy valiente y entiendo que el coraje no es la ausencia de miedo sino la disposición a actuar a pesar de ello.

- Tengo autodisciplina y control total sobre mis pensamientos y emociones.

- Yo hago las cosas más importantes primero.
- Yo estoy organizado y recuerdo la regla 80 20.
- Espero lo mejor en la vida. Sé sobre la magia de pensar en grande.
- Yo siempre espero ganar.
- Yo soy una persona confiada que toma acciones.
- Yo soy decidido y sé lo que quiero.
- Yo estoy comprometido con mi éxito.
- Sé que a dónde va la atención la energía fluye.
- Veo oportunidades y actúo sobre ellas.
- Escribo mis metas y programo mi mente subconsciente para el éxito.
- Persistiré hasta tener éxito.
- Solo rezo para guiarme y entiendo que seré probado.
- Los retos me hacen más fuerte.
- Vivo todos los días como si fuera el último.
- Sé que la vida es un regalo.
- Yo estoy agradecido por estar vivo.
- Entiendo que nacer es un milagro y estoy muy agradecido por ello.
- Yo soy más de lo que parezco y todos los poderes del universo están dentro de mí.
- Yo siento abundancia y amor.
- Yo confío en mí mismo; mi intuición sabe la verdad.

- Utilizo mi intuición y sé que las personas pueden ser como yo, pero sé que soy único.

- Mi ADN y la forma en que mi cerebro está configurado es completamente único.

- Yo me amo y entiendo que soy el único que puede ser yo.

- Me concentro en mis inclinaciones y en las cosas en las que soy bueno.

- Desarrollo mis talentos y habilidades.

- Me enfoco en agregar valor.

- El mundo será un lugar mejor porque estuve aquí.

- Yo soy una persona valiosa que asume las responsabilidades.

# Conclusión

Mi objetivo con este libro hacerlo sentir empoderado. Espero que las afirmaciones en este documento lo hayan preparado con la mentalidad correcta para atraer más riqueza a su vida.

Recuerde lo que dijo Tony Robbins: *Cuando agradeces, el miedo desaparece y la abundancia aparece.* Siempre hay algo por lo que sentirse agradecido, sin importar qué, así que no limite su agradecimiento solo a los grandes acontecimientos. Sienta gratitud por el aire: su respiración, la comida a la que tiene acceso o el agua que puede beber. La gratitud es la clave para invitar a su vida cosas más grandes y como resultado a vivir una vida de abundancia.

Por último, lo invito a que usted considere el poder de los hábitos. Lo que quiero decir con esto es que puede dejar este libro ahora y nunca leerlo otra vez, y aun así habrá sido beneficiado. Pero si vuelve a este libro de manera regular, integrará los cambios en un nivel mucho más profundo y eso llevará a un resultado más positivo a largo plazo.

Les deseo lo mejor y sinceramente espero que disfrute la vida al máximo.

# Segunda Parte: Afirmaciones positivas

*250 afirmaciones diarias sobre cómo atraer el amor, ganar dinero, tener una vida saludable y encontrar la verdadera felicidad*

# Introducción

En su libro *Think and Grow Rich (Piense y hágase rico)* el autor Napoleon Hill dice lo siguiente: "Tú eres el amo de tu destino. Puedes influir, dirigir y controlar tu propio entorno. Puedes hacer de tu vida lo que quieras que sea".

De esto se trata este libro. Es una guía para ayudarle a controlar su destino mediante el uso de afirmaciones poderosas que enfocarán su mente en lo que usted desea. Estas afirmaciones funcionarán como guía, siempre ayudándole a enfocarse en el lugar correcto para hacerlo llegar a un determinado destino. Ese destino al que este libro tiene como objetivo guiarlo es a la abundancia de salud, riqueza, amor y felicidad.

Antes de comenzar, recuerde lo siguiente: regocíjese ahora aprendiendo a disfrutar cada minuto de su vida. Deje de esperar por algo fuera de su propio ser para que lo haga feliz "algún día" en un futuro lejano. Reflexione sobre lo precioso del tiempo que usted tiene, ya sea en el trabajo o con su familia. Disfrute cada minuto de ello, ya que nunca regresará.

# Cómo utilizar las afirmaciones de forma efectiva

**1.** Declarar la afirmación en tiempo presente. Su objetivo es sentir que ya tiene las cosas que desea, sin importar las circunstancias externas. Esto le ayudará a atraer lo que quiera en el presente.

**2.** Sus afirmaciones solo deben contener palabras positivas. La razón para evitar palabras negativas como "nunca" o "no" es que su subconsciente no puede procesar las palabras negativas. En su lugar, elimine las palabras negativas; por ejemplo, una afirmación que dice "no soy pobre" se convertirá en "soy pobre", que es lo contrario de lo que usted quiere.

**3.** Las afirmaciones deben ser específicas y tratar con un objetivo a la vez. Puede tener varias afirmaciones sobre diferentes temas, pero el objetivo es mantener la afirmación individual enfocada.

**4.** Se recomienda practicar una afirmación al menos 20 veces tres veces al día. Continúe con esta práctica hasta que su mente acepte completamente la afirmación como verdadera. Una vez que lo haga, repita la afirmación de manera continua para reforzar el efecto de esa sugerencia. Esfuércese por hacer que el uso diario de las afirmaciones sea una práctica de por vida.

Tenga en cuenta estas ideas importantes y respételas cuando cree una afirmación personal. Esto asegurará que afirma las sugerencias correctas y lo preparará para el éxito.

# Capítulo 1 - 50 Afirmaciones del dinero

"Quien sea que dijo que el dinero no puede comprar la felicidad, simplemente no sabía a dónde ir de compras".

- Bo Derek

Mucha gente ha declarado que el dinero no puede comprar la felicidad. Sin embargo, un estudio de la Escuela Woodrow Wilson de la Universidad de Princeton dice que de hecho sí compra la felicidad si el ingreso de la persona es inferior a $ 75 000. Sobre esa cantidad, no hay niveles significativos de aumento de la felicidad. Ahora, esto no significa que todas las personas que ganan más de $ 75 000 al año no sientan un aumento significativo en la felicidad, estoy seguro de que algunas sí, al igual que hay personas en países del tercer mundo que son mucho más felices que otras multimillonarias. Este estudio solo puede funcionar como una regla general.

Dejando atrás la discusión, creo que podemos estar de acuerdo en que el dinero es importante y que tener más dinero no perjudicaría. Sin embargo, muchas personas tienen asociaciones inconscientes con el dinero que les impiden atraer grandes cantidades. Algunas de estas creencias limitadas pueden incluir afirmaciones sin sentido, tales como:

1. El dinero es la raíz de todo mal.
2. El dinero no puede comprar la felicidad.
3. El dinero no lo es todo.
4. Las personas pueden ganar mucho dinero, pero lo hacen a expensas de su familia.
5. Es egoísta tener mucho dinero.

Probablemente haya escuchado al menos una de estas afirmaciones ridículas antes. Vamos a romper cada uno de estos locos refranes, ¿le parece?

*No 1: El dinero es la raíz de todo mal.* El dinero es simplemente un medio de intercambio. ¿Prefiere usted volver al trueque? Encontrar a alguien que quiera cambiar su manzana por una pluma será frustrante y llevará mucho tiempo. El dinero no es ni bueno ni malo. Sí, de hecho, usted puede hacer cosas buenas y malas con dinero, pero afirmar que el dinero como tal es malo es ridículo. Piense en todas las cosas buenas que las personas han hecho con el dinero, todas las vidas que han salvado. Piense en todas las personas con dinero que han creado empresas en las que las personas pueden trabajar y ganarse la vida. Piense en todas las cosas buenas que puede hacer con el dinero y en todas las vidas que puede mejorar. Si cree que esta creencia limitante le impide vivir en abundancia financiera, considere usar la siguiente afirmación: *El dinero es algo neutral y un recurso para hacer el bien en mi vida.*

*No 2: El dinero no puede comprar la felicidad.* Como ya hemos mencionado anteriormente, hay estudios que demuestran que el dinero puede aumentar nuestra felicidad hasta cierto punto y quizás hasta un poco más. Incluso si la afirmación de que "el dinero no puede comprar la felicidad" fuera cierta (la cual no lo es), el dinero puede comprar el tiempo. Y más tiempo, seguro puede hacerlo más feliz. Por ejemplo, si tiene mucho dinero, puede contratar a otras personas para que realicen tareas que no le gusta hacer. También piense en todas las experiencias que el dinero puede comprar. Cuando nos enfocamos en lo negativo, debemos detenernos y preguntarnos "¿cuáles son las oportunidades?" Si desea una afirmación que absolutamente convertirá esta creencia limitante en la pequeña bola de polvo que realmente es, considere la siguiente:

*Amo el dinero, ya que me puede comprar tanto experiencias como tiempo con mis seres queridos.*

*No 3: El dinero no lo es todo.* Por supuesto que no lo es todo, pero lo necesita, ¿No es cierto? ¿O cómo pondrá la comida en la mesa y un techo sobre su cabeza? Sigamos el consejo, "no discuta con un argumento sin sentido", en referencia a este y simplemente pasemos al siguiente, ¿le parece?

*No 4: Las personas pueden ganar mucho dinero, pero lo hacen a expensas de su familia.* Algunas personas pueden priorizar el trabajo sobre pasar más tiempo con su familia. Sin embargo, esto no hace que la afirmación sea una verdad absoluta. La gente rara vez se enriquece por el trabajo duro solamente. La gente adquiere gran riqueza haciendo las cosas correctamente. Tales cosas incluyen hacer que su dinero trabaje para ellos haciendo inversiones inteligentes o aprovechando el tiempo y el dinero de otras personas. Para acabar con esta creencia limitante, comience a buscar personas que estén ganando mucho dinero y que trabajen menos que el trabajador promedio. Estoy seguro de que se encontrará con muchas personas que han encontrado una manera de utilizar esa ventaja para ganar mucho dinero, tal vez incluso de forma automatizada. Además, considere el hecho de que la persona promedio en Estados Unidos está viendo alrededor de 5 horas de televisión por día. ¿Seguro que no parece haber una escasez de tiempo para pasar con sus seres queridos si se priorizan de manera distinta? Aquí hay una afirmación que le permite superar esta creencia limitante: *Con más dinero, puedo elegir pasar más tiempo con mi familia si lo deseo.*

*No 5: Es egoísta tener mucho dinero.* Como se mencionó anteriormente, el dinero es simplemente un medio de intercambio. En otras palabras, cambia su dinero por algo que quiere, o viceversa. Esto significa que debe haber proporcionado algo de valor percibido para que otra persona reciba ese dinero. Nuevamente, proporcionar valor no tiene que estar vinculado con su tiempo. Los inversores, por ejemplo, pueden proporcionar valor al permitir que otras personas proporcionen valor con la ayuda de su dinero. De cualquier manera, adquirir dinero no es un acto egoísta o desinteresado, es simplemente un intercambio de valor. Si lucha con esta creencia limitante, considere reemplazarla utilizando las siguientes afirmaciones: *El dinero que he ganado refleja el valor que he creado para otros.*

Esperemos que esta lista le haya ayudado a abordar las falsas creencias más inquietantes sobre el dinero. Si usted cree que tiene más, no se preocupe, las 50 afirmaciones del dinero a continuación le ayudarán a superar la mayoría de las asociaciones que las personas tienden a dejar sin sentido en nuestra mente a medida que envejecemos. Como dijo Jim Rohn, ¡debemos permanecer vigilantes en la puerta de nuestra mente todos los días!

Ahora, ya debió haber escuchado esto antes; puede darle un pescado a un hombre para alimentarlo por un día o puede enseñarle a pescar para que pueda alimentarse por sí mismo toda su vida. Voy a tratar de hacer ambas cosas; así que aquí hay dos ideas que valen la pena considerar para superar cualquier creencia limitante, ya sea con respecto al dinero, el amor, la salud o la felicidad. Primero, hágase esta pregunta simple: ¿es esta creencia una verdad absoluta para mí como individuo o puedo encontrar personas o circunstancias que demuestren que lo contrario también puede ser verdad? En segundo lugar, como ya habrá notado, he usado adjetivos bastante severos para describir algunas de estas creencias limitantes. La razón de esto es porque quiero romper un patrón y la forma más fácil de hacerlo es con una emoción fuerte o haciendo algo inesperado. También puede agregar una voz a la creencia limitante que es imposible que usted se tome en serio (por ejemplo, una voz de un personaje de South Park).

Imagine usted esta voz combinada con una cara que no puede tomarse en serio y luego visualice cómo esta cara se infla como un globo y se vuelve cada vez más pequeña a medida que vuela hacia un rincón lejano. También puede escribir la creencia limitante, luego comprimir el papel y tirarlo en un bote de basura. Personalmente, me gusta más el método de la voz, pero usted elige el método que mejor se adapte a su situación.

¿Está usted listo para comenzar con las afirmaciones? De acuerdo, ¡allá vamos!

1. Estoy muy agradecido de vivir en prosperidad.

2. Cada día, en todos los sentidos, estoy atrayendo cada vez más dinero a mi vida.

3. Yo vivo en abundancia ahora.

4. El dinero me llega con facilidad.

5. Veo muchas oportunidades para crear riqueza.

6. Doy y recibo con facilidad.

7. Siento gratitud por todo el dinero que tengo.

8. Soy un gran dador; también soy un receptor excepcional.

9. Al ser rico y tener mucho dinero, puedo hacer del mundo un lugar mejor.

10. Se siente fantástico tener mucho dinero.

11. El universo responde a mi mentalidad de prosperidad dándome más oportunidades para ganar dinero con facilidad.

12. Visualizo ser rico todos los días y envío buenas vibraciones sobre el dinero.

13. Soy un imán de dinero que atrae dinero de todo tipo de lugares.

14. Soy abundante todos los días, en todos los sentidos.

15. Soy amable por toda la prosperidad que recibo.

16. Me pago primero y mi dinero se multiplica.

17. Una avalancha de dinero ahora está entrando en mi vida.

18. Hacer dinero es fácil para mí.

19. Constantemente encuentro nuevas formas de ganar más dinero con facilidad.

20. El dinero es una parte importante de mi vida y le doy el tiempo y la atención que merece.

21. El dinero me permite ayudar a más personas.

22. El dinero me permite pasar más tiempo con mis seres queridos.

23. El dinero me permite tener más experiencias maravillosas.

24. Tener más dinero es algo bueno para mí.

25. Yo amo el dinero y todas las cosas maravillosas que puede hacer.

26. Me encanta la libertad que me da el dinero.

27. Yo merezco ser rico y vivir en abundancia.

28. Atraigo dinero de todo tipo de fuentes inesperadas.

29. Continuamente tengo un gran excedente de dinero al final de cada mes.

30. El dinero me atrae y yo atraigo el dinero.

31. Aprendo continuamente de otras personas que viven en abundancia financiera, ya sea a través de libros, videos, audio o en persona.

32. Mis acciones crean mucho valor para los demás.

33. Soy una persona de gran valor.

34. Hago que mi dinero trabaje por mí.

35. Mi dinero me trae más dinero.

36. Soy un gran administrador de dinero.

37. Veo más y más grandes oportunidades para crear riqueza.

38. Soy multi-millonario.

39. Estoy muy agradecido por la capacidad de ganar mucho dinero.

40. Estoy en posesión de una cantidad tremenda de dinero en mi cuenta bancaria.

41. Mi realidad financiera sola está bajo mi control.

42. El dinero es mi servidor.

43. Tengo todo lo que necesito para crear abundancia financiera.

44. Hay suficiente dinero para crear prosperidad.

45. Ser rico es fácil.

46. Siempre tengo acceso a mucho dinero.

47. Soy digno de ser rico.

48. Disfruto haciendo dinero.

49. Me gusta tener múltiples flujos de ingresos pasivos.

50. Confío en que el universo siempre cumple con mis necesidades.

# Capítulo 2 - 50 Afirmaciones del Amor

"Den, y se les dará: se les echará en el regazo una medida llena, apretada, sacudida y desbordante. Porque con la medida que midan a otros, se les medirá a ustedes".

Lucas 6:38

La mejor manera de recibir amor, es dando amor. Y la mejor manera de estar rodeado de personas amorosas, es convertirse primero en una persona amorosa. ¿Por qué elegir el amor en lugar del odio? Bueno, el odio es una carga demasiado grande que soportar, tal y como lo expresó Martin Luther King, Jr. El amor es poderoso ya que tiene el poder de convertir a un enemigo en un amigo. ¡Pero para expresar el amor verdadero hacia cualquier otra persona en su vida, primero debe amar a la persona más importante en su vida que es usted! Usted es increíblemente complejo y no hay nadie con la misma configuración de ADN y cerebro que usted. Tiene talentos, habilidades e inclinaciones que son únicos y la mejor manera de servir al mundo y a las personas que lo rodean es usarlos de manera positiva. Entonces, ámese a usted mismo por quien es, y encontrará que amar a los demás se convertirá en su segunda naturaleza. Aquí se ofrecen 50 afirmaciones sobre amarse a usted mismo, amar a los demás y amar al mundo en el que vivimos.

1. Yo amo al mundo y toda su belleza.

2. El amor de Dios está circulando en mi vida y fluye hacia mí en avalanchas de abundancia.

3. Entiendo que soy el único que puede ser yo y que fui creado de esta manera por una razón.

4. El mundo será un lugar mejor porque estuve aquí.

5. Elijo el amor, el perdón y la bondad.

6. Me amo a mí mismo y a todas las buenas acciones que he hecho y que haré.

7. Veo ojos amorosos a mí alrededor.

8. Yo merezco experimentar el amor.

9. Yo recibo amor en abundancia.

10. Yo doy amor y recibo amor.

11. Todos los días y en todos los sentidos, elijo mirar la vida a través de una lente de amor.

12. Mi vida ahora está llena de amor, ya que he atraído a la persona más amorosa a mi vida.

13. Tengo la pareja perfecta y nuestro amor es increíblemente fuerte.

14. Soy una persona maravillosa, leal y comprensiva.

15. Atraigo a personas maravillosas, leales y comprensivas a mi vida.

16. Me perdono a mí mismo y a los demás.

17. Hago pequeñas cosas para que otros demuestren mi amor por ellos.

18. Yo irradio amor verdadero hacia mi pareja.

19. Mi pareja me irradia amor verdadero.

20. Yo doy amor libremente y sin esfuerzo.

21. Yo estoy abierto a recibir amor del universo.

22. Yo estoy abierto a recibir amor de otras personas.

23. Soy un dador excepcional, y también soy un receptor excepcional.

24. Estoy rodeado de otras personas que me aman y cuidan.

25. Vivo en un universo amoroso y cariñoso.

26. Apoyo a mis amigos y familiares.

27. Atraigo relaciones que son de amor puro e incondicional.

28. Miro lo bueno en la vida y veo el amor a mi alrededor.

29. Estoy tan feliz y en paz ahora que he encontrado el amor dentro de mí.

30. Vivo en una relación romántica con la pareja de mis sueños.

31. Me encanta mi cuerpo sano.

32. Yo amo a mi cerebro y a todas sus habilidades.

33. Me resulta fácil admirar a los demás y mostrar aprecio.

34. Tengo mucha confianza y otras personas se sienten muy atraídas por mi confianza.

35. Me guía un universo lleno de amor.

36. El amor es mi derecho de nacimiento y siempre encuentro oportunidades para experimentar el amor.

37. Estoy muy agradecido por tener la pareja más maravillosa y amorosa de mi vida.

38. Yo reconozco lo bueno de los demás y hago que parezca fácil corregir los fallos.

39. Soy un líder excelente y cariñoso y los demás se sienten naturalmente atraídos por mí ser.

40. Mi mente, mi corazón y mi alma trabajan en perfecta armonía para crear amor todo el tiempo.

41. Mis esfuerzos están siendo apoyados por un universo amoroso.

42. Solo necesito de mi propia aprobación.

43. Confío en mí mismo y en mi capacidad para tomar las decisiones correctas.

44. Confío en mi instinto e intuición para guiarme hacia un destino siempre lleno de amor.

45. Yo acepto a los demás tal como son y a cambio ellos me aceptan por ser quien soy.

46. Mi mente contiene pensamientos amorosos acerca de mí y los demás.

47. Yo atraigo el amor fácilmente y sin esfuerzo.

48. Yo soy digno de sentir amor propio y amor por los demás.

49. Yo soy el amor.

50. Ahora vivo en un hermoso estado lleno de abundancia y amor.

# Capítulo 3 - 50 Afirmaciones sobre la Salud.

"Una mente tranquila aporta fortaleza interna y confianza en uno mismo, por lo que es muy importante para una buena salud".

- Dalai Lama

Kris Karr es una sobreviviente de cáncer que se convirtió en una autora con gran éxito de ventas. Ella ha declarado que, si no cree que la tristeza, la depresión o la ansiedad puedan afectar su salud física, debe pensarlo bien porque todas estas emociones provocan reacciones químicas en su cuerpo. Reacciones químicas que pueden provocar inflamación y un sistema inmunitario debilitado. Ella definitivamente no va desencaminada, ya que hay una creciente evidencia que vincula las emociones con la función física.

¿Pero qué crea la emoción? La respuesta es que la emoción crea nuestros pensamientos y el movimiento. Así es como funciona. Digamos que su automóvil enciende, en ese momento, tiene dos opciones. Usted puede decir ¿por qué me está sucediendo esto? y crear una mentalidad de víctima a su alrededor. En tal caso, sus pensamientos provocarán cierto tipo de movimiento en su cuerpo. Puede fruncir el ceño, hundir los hombros y comenzar a respirar menos profundo. Si, por otro lado, usted reacciona con una mentalidad estoica y recuerda que lo que sucedió esta fuera de su control, solo puede controlar su respuesta, y entonces puede reaccionar de manera diferente. Usted puede comenzar por respirar profundamente y luego cambiar su mente de lo que sucedió a cosas por las que estar agradecido. Por ejemplo, se podría decir, bueno, estoy muy agradecido de que estoy en casa y que esto no ocurrió cuando estaba conduciendo o cuando estaba parado en un sitio frío. Siempre hay algo por lo que estar agradecido, y está haciendo esto por una razón principal: no puede estar agradecido y enojado al mismo tiempo. Y como hemos dicho, usted no quiere sentir enfado, ya que eso puede causar mala salud porque el enojo provoca ciertas reacciones químicas.

Entonces, en conclusión, cuando las cosas no salen según lo planeado, piense en cómo reacciona su cuerpo. Respire profundamente, póngase en una posición de superhéroe y piense en las cosas por las que se encuentra agradecido. Ahora tiene muchas más posibilidades de resolver la dificultad de manera rápida y fácil, mientras mantiene su salud física.

Aquí hay 50 afirmaciones, no solo acerca del mantenimiento de su salud, sino también sobre cómo mejorarla.

1. Estoy lleno de energía y lleno de vida.
2. Yo controlo mi estado en todo momento.
3. Yo soy feliz y siempre tengo el control de cómo me siento.
4. Yo decido sentir gratitud y alegría en este momento.
5. Yo soy más de lo que parece, y todos los poderes del universo están dentro de mí.
6. Mi razón para comer es alimentar mi cuerpo.
7. Ser saludable es mejor que cualquier gusto en el mundo.
8. Mis pensamientos saludables crean mi cuerpo sano.
9. Mi cuerpo es mi templo.

10. Yo soy digno de ser saludable.

11. Mis hábitos diarios me están llevando a ser más saludable.

12. Yo elijo comer sano porque la comida que ingiero es material de construcción para mi cuerpo.

13. Yo como alimentos nutritivos que me dan energía.

14. Está bien que coma por placer o por razones sociales si lo hago de manera responsable y mantengo mis propias reglas que ya he establecido de antemano.

15. Tengo un montón de sueño energizante.

16. Yo tomo decisiones saludables y respeto el cuerpo que me han dado.

17. El agua que bebo limpia mi cuerpo y me da claridad mental.

18. Me encanta estar saludable y se siente maravilloso.

19. Respiro hondo todos los días y me recuerdo a mí mismo que el aire es un regalo.

20. Yo estoy en control de mi propia salud.

21. Cada célula de mi cuerpo encarna el espíritu de salud.

22. Yo me amo a mí mismo y al cuerpo que me han dado.

23. Todos los días y en todos los sentidos, me estoy volviendo más y más saludable.

24. Me siento genial e irradio alegría y gratitud.

25. Yo soy vigoroso y estoy lleno de vitalidad.

26. Yo ahora exijo que mi cuerpo libere todos los malos sentimientos acerca de eventos o personas.

27. Yo ahora me perdono a mí mismo como a otras personas.

28. Yo soy un creador, creo mi futuro y decido mi propia salud.

29. Merezco vivir una vida llena de energía y alegría.

30. Honro mi cuerpo y estoy rodeado de personas que quieren que esté saludable.

31. Yo confío en las señales que me envía mi cuerpo.

32. Yo estoy muy agradecido de estar vivo y de sentirme bien.

33. Mis pensamientos están apoyando a mi cuerpo para que se vuelva más saludable.

34. Le doy a mi cuerpo lo que necesita.

35. Yo amo cada célula de este cuerpo que tengo.

36. Yo siempre me estoy curando rápidamente, y siempre me siento maravilloso.

37. Yo lleno mi mente de pensamientos positivos.

38. Yo uso mi cuerpo de una manera que crea emociones positivas.

39. Yo sonrío a menudo y me pongo de pie.

40. Yo libero el pasado y disfruto el momento presente.

41. El universo está conspirando para mantenerme saludable.

42. Yo relajo mi mandíbula y mantengo mis dientes ligeramente separados.

43. Yo relajo mi cuerpo a menudo y lo dejo descansar cuando lo necesita.

44. Yo hago cosas que son buenas para mi cuerpo.

45. Me siento increíblemente saludable y me encanta.

46. Yo soy fuerte y me siento bien conmigo mismo.

47. Estoy en paz con mi salud.

48. Mi mente es brillante, y mi alma está tranquila.

49. Siempre duermo en paz y me despierto con una alegría increíble.

50. Me encanta hacer ejercicio y comer alimentos saludables.

# Capítulo 4 - 100 afirmaciones positivas sobre la felicidad, la alegría, la confianza y la gratitud

"La felicidad no es algo ya hecho. Eso viene por sus propias acciones".

- Dalai Lama

El primer paso para ser feliz es cambiar la manera de pensar de uno mismo. Las afirmaciones son excelentes para esto, ya que pueden reemplazar una creencia limitante o falsa con una más empoderadora. Ahora, es importante tener en cuenta que no debe intentar forzar la desaparición de los pensamientos negativos. La resistencia no es la clave aquí. En su lugar, tome conciencia del pensamiento y acéptelo sin juzgarlo. Con solo ser consciente y presente, verá que el pensamiento retrocederá lentamente como lo haría una visita no invitada si se diera cuenta de que había ido a la fiesta equivocada.

Mucha gente está buscando la felicidad en grandes cosas o eventos cuando, de hecho, a menudo hay más poder para extraer la felicidad de las cosas y experiencias comunes. Así que no espere a ser feliz, ya que usted puede elegir estar aquí y ahora. Además, recuerde que su fisiología es una pieza muy importante para sentirse feliz. No sentirá mucha felicidad si se mantiene cabizbajo y con el ceño fruncido. Si, por otro lado, levanta la cabeza, endereza la espalda y sonríe, entonces se sentirá mucho mejor y le será más fácil pensar de manera más positiva. Al hablar sobre las afirmaciones en el capítulo, recuerde usar su cuerpo de manera confiada.

1. Cada día, y en todos los sentidos, estoy experimentando más y más alegría en mi vida.

2. La felicidad es mi estado natural.

3. Yo merezco ser feliz.

4. Al ser feliz, ayudo a los demás a ser felices.

5. Yo estoy muy agradecido por el sentimiento de alegría que me sigue a todas partes.

6. Extiendo la felicidad a los demás y absorbo la felicidad de los demás.

7. Estoy tan feliz y agradecido ahora que mi perspectiva de la vida es positiva.

8. Ser feliz es fácil para mí.

9. Estoy agradecido por cada momento de cada día porque sé que nunca volverá.

10. Mi futuro es brillante, y estoy muy agradecido por ello.

11. Tengo pensamientos motivadores.

12. La vida es fácil para mí.

13. Yo estoy agradecido por el aire que respiro, el agua a la que tengo acceso y la comida en mi refrigerador.

14. Siempre tengo lo que necesito y por eso estoy agradecido.

15. Comienzo todos los días con un estado de felicidad y alegría.

16. Soy un dador alegre y un receptor feliz de las cosas buenas en mi vida.

17. Estoy destinado a estar aquí en este mundo y cumplir con un propósito.

18. El mundo será un lugar mejor y más feliz porque estuve aquí.

19. Yo soy una fuerza imparable para el bien.

20. Yo confío en mí mismo, mi sabiduría interior sabe la verdad.

21. Me perdono a mí mismo y a los demás por todos los errores cometidos.

22. Respiro felicidad con cada respiración que tomo.

23. Este día me trae la felicidad.

24. Me despierto sintiéndome agradecida por la vida.

25. Hoy es mi día para iluminar el mundo.

26. Todo siempre funciona mejor para mí.

27. Yo confío en que el universo me guiará a mi verdadero llamado en la vida.

28. Yo estoy tan feliz y agradecido ahora que puedo vivir mi sueño.

29. Siempre estoy mejorando y aprendiendo cosas nuevas.

30. Estoy presente y siento alegría en este momento.

31. Puedo transformar cualquier negativo en un positivo.

32. Yo soy una persona positiva con regalos increíbles para dar al mundo.

33. Yo soy el creador de mis días, mis semanas, mis meses y mis años.

34. Yo decido hacer de mi vida una obra maestra que vale la pena recordar.

35. Me siento vivo y el mundo que me rodea se siente fresco y nuevo.

36. Respiro profundamente y me conecto con mí ser interior.

37. Gracias, gracias, gracias.

38. La vida es maravillosa, y me encanta vivir.

39. Hay infinitas oportunidades para experimentar alegría y felicidad todos los días.

40. Yo transformo los obstáculos en oportunidades.

41. Estoy eternamente agradecido por la abundancia en mi vida.

42. Tomo la decisión consciente de ser feliz.

43. Mi vida está llena de felicidad y alegría.

44. Estoy muy agradecido de poder vivir otro día.

45. El mundo es un lugar hermoso.

46. Yo merezco todo lo bueno que se me presente hoy.

47. Soy un gran receptor de cosas y experiencias maravillosas.

48. Soy un imán que siempre atrae cosas y eventos positivos.

49. Yo creo en mí mismo.

50. Yo soy una persona segura con una mentalidad positiva.

51. Yo siempre tengo más que suficiente para ser feliz.

52. Yo vivo una vida edificante y siempre atraigo cosas positivas hacia ella.

53. El tiempo es mi activo más valioso; por eso lo gasto de la mejor manera posible.

54. Siempre tengo el poder de decidir lo que deseo hacer con mi vida.

55. Yo amo la vida y la vida me ama a mí.

56. El universo me está guiando hacia mi propósito superior en la vida.

57. Tengo el control total de mis pensamientos y emociones.

58. Me permito divertirme y disfrutar de la vida.

59. Yo estoy en paz con una tremenda cantidad de felicidad y alegría.

60. Yo confío en que lo que está sucediendo ocurre por un bien mayor.

61. Creo una visión para mi vida y un plan para lograrlo.

62. Yo confío en mi capacidad para encontrar soluciones.

63. El universo siempre me está cuidando.

64. Hoy me siento confiado y fuerte.

65. Este día es otra página bien escrita en el libro de mi vida.

66. Solo me comparo con mi ser superior.

67. Yo estoy bien parado y seguro en mi ser.

68. Me rodeo de personas positivas que quieren lo mejor para mí.

69. Yo soy una persona paciente, tranquila y amorosa que está en el camino correcto en la vida.

70. Yo vivo aquí y ahora y acepto el momento presente.

71. Yo estoy agradecido y feliz de vivir otro día en este hermoso mundo.

72. Me doy cuenta de que tengo una tremenda cantidad de conocimiento que se puede utilizar para bien.

73. Mis experiencias son únicas para mí y hay un poder personal en eso.

74. Guío y ayudo a otras personas amables con mi experiencia y sabiduría.

75. Mi singularidad me hace un éxito único.

76. Doy un paso a la vez y confío siempre en que llegaré a mi destino.

77. Yo estoy muy feliz y agradecido por todas las bendiciones en mi vida.

78. Mi ser está rebosante de energía creativa.

79. Estoy en perfecta armonía con la vida.

80. Estoy en paz con quien soy.

81. Estoy en paz con otras personas.

82. Es fácil para mí vivir en abundancia y prosperidad.

83. Me resulta fácil tener confianza.

84. Yo saludo al día con facilidad.

85. Yo elogio a las personas cuando hacen algo bueno que honestamente aprecio.

86. Me elogio y me recompenso cuando hago algo bueno.

87. Animo a los demás y siempre veo todo el potencial de lo que pueden ser.

88. Cada día, y en todos los sentidos, cada vez me siento más seguro.

89. Ahora me doy cuenta de lo precioso de la vida.

90. Atraigo personas felices y amables a mi vida.

91. Yo estoy muy agradecido por la amabilidad de los demás.

92. Yo estoy muy agradecido por mis fortalezas.

93. Yo tomo las decisiones correctas con facilidad.

94. Estoy tan feliz y agradecido ahora que puedo experimentar la vida con una mentalidad positiva.

95. Yo soy un maestro en la creación de hábitos duraderos que tienen un impacto positivo en mi vida.

96. Yo irradio felicidad, alegría, confianza y amabilidad.

97. Ser y mantenerme positivo es fácil para mí.

98. Yo estoy abierto a la bondad del universo.

99. Todas mis acciones me llevan a la felicidad y la abundancia.

100. Estoy muy agradecido por tener todo lo que necesito para ser feliz en este momento.

# Conclusión

Las afirmaciones llevan nuestros pensamientos a un lugar más poderoso. Cuando usted afirma lo bueno, se da un descanso del ciclo de preocupación que muchos de nosotros experimentamos.

Recuerde que no debe intentar luchar contra el ego cuando surgen pensamientos desagradables. En su lugar, tome conciencia y acepte plenamente sus pensamientos. Diga "oh, eres tú otra vez, hola" sin juzgar y encontrará que el pensamiento pierde su poder. Ahora usted está comenzando un ciclo imparable en el que un pensamiento negativo ya no le afecta y también está afirmando constantemente lo bueno.

Si ha aprendido algo valioso de este libro, ¿sería tan amable de dejarle una reseña? Gracias por su apoyo y le deseo una hermosa vida llena de alegría y abundancia.

# Tercera Parte: Afirmaciones Diarias

*250 Afirmaciones Positivas Para la Salud, la Riqueza, la Felicidad y el Amor*

# Introducción

Las afirmaciones son oraciones o declaraciones positivas que están dirigidas a influir en nuestra mente subconsciente. Las palabras y frases que diga en ciclo sostienen el poder de crear involuntariamente imágenes mentales dentro de la mente subconsciente. Pueden inspirarle, motivarle, impulsarle y energizarle para que manifieste o crea todo lo que desea. Las afirmaciones repetidas y las imágenes mentales que se crean como resultado de estas afirmaciones repetidas tienen el poder de afectar nuestras poderosas fuerzas subconscientes, que a su vez afectan nuestras acciones, hábitos, pensamientos y sentimientos.

Simplemente haga el siguiente ejercicio pequeño si se siente deprimido o bajo de ánimo. Diga algo positivo como: "Soy un ser maravilloso de amor, éxito y felicidad". Haga esto veinte veces, al menos tres veces al día. Observe cómo se siente al final del día. ¡Su frecuencia de pensamiento casi siempre cambiará de negativa a positiva!

La forma en que funciona tiene que ver con que nuestra mente subconsciente no puede distinguir entre la realidad y la realidad imaginada. Si sigue diciendo "riqueza, abundancia, dinero, prosperidad", etc., la mente subconsciente no sabe que en realidad está aspirando a la riqueza o la abundancia. Cree que ya la tiene y dirige su comportamiento en alineación con este pensamiento, creando así más riqueza y abundancia.

A diferencia de nuestra mente consciente que conoce la diferencia entre la realidad y la realidad imaginada, la mente subconsciente cree lo que se introduce en ella como la verdad. Usando este principio poderoso, pero poco conocido, de la mente subconsciente, podemos producir un gran cambio en nuestro proceso de pensamiento automáticamente, para transformar todo, desde nuestros hábitos a nuestras acciones, hasta nuestro proceso de pensamiento. Puede comenzar hoy, incluso si piensa que no tiene nada o que no está cerca de su objetivo.

Me han preguntado varias veces qué afirmaciones realmente se logran. Para empezar, ellas le mantienen motivado para lograr su objetivo. Las afirmaciones mantienen su mente firmemente fijada en la meta. Afectan a la mente subconsciente para activar sus poderes de cumplimiento. Las afirmaciones tienen la capacidad de impactar la forma en que piensa y actúa cuando se comunica con personas que tienen la capacidad de ayudarle a lograr sus objetivos.

Repetir declaraciones positivas en ciclo le hace sentir más enérgico, activo y positivo, lo que a su vez le pone en un mejor estado de ánimo para transformar su realidad externa e interna. Los pensamientos de hecho se convierten en cosas, y las afirmaciones siembran las semillas de pensamientos positivos en su mente subconsciente.

Antes de comenzar las afirmaciones, asegúrese de que realmente desea obtener lo que está afirmando. Si hay dudas o no está seguro de lo que quiere, estas incertidumbres y dudas se interpondrán. Esta es la razón principal por la que las personas no obtienen resultados y terminan perdiendo su creencia en el poder de las afirmaciones.

Diga sus afirmaciones con fe, interés, amor, positividad, creencia y sentimiento si realmente quiere cambiar sus pensamientos o manifestar sus metas. Debe decir las afirmaciones con la creencia de que su deseo o anhelo ya se ha cumplido. ¡Este patrón de pensamiento acelerará el cumplimiento de sus afirmaciones!

La mente ocasionalmente lanzará algunos pensamientos negativos y dudas si su realidad presente es completamente diferente de lo que quiere lograr. Sin embargo, la perseverancia es la clave para liberar los pensamientos negativos y las incertidumbres que le conquistan.

# Capítulo uno: Cómo utilizar afirmaciones: 5 reglas para crear afirmaciones perfectas

## 1. Mantener las afirmaciones en tiempo presente

Esta es la regla de oro de la afirmación, sin la cual simplemente usted no lo hará bien. Mantenga sus afirmaciones estrictamente en tiempo presente para asegurarse de que la mente subconsciente se ponga a trabajar inmediatamente. Varias personas cometen este error de decir o escribir declaraciones en tiempo futuro porque creen que todavía no tienen lo que desean. No proyecte lo que quiera lograr en el futuro. Comience creyendo que ya lo tiene si desea activar el poder de la mente subconsciente para dirigir sus acciones hacia su manifestación.

Si dice "Lo haré" o "Lo haré pronto", lo que está haciendo es colocar sus metas en algún lugar del futuro que esté fuera de su alcance. La transformación se produce en el presente. Afirmar en el presente le ayuda a generar las visualizaciones, los sentimientos, las frecuencias de pensamiento y las emociones requeridas para respaldar sus acciones en una dirección específica, intencional y positiva. Hay una gran diferencia entre decir "estaré en la cima del mundo cuando..." y "estoy en la cima del mundo".

## 2. Usar solo palabras y frases positivas

Otra regla importante para usar afirmaciones es que deben contener solo palabras positivas. La razón para evitar palabras negativas como "no", "ni", "nunca", etc. es que nuestra mente subconsciente no procesa palabras negativas. En cambio, las palabras negativas son simplemente descartadas. Por ejemplo, si está diciendo: "No me falta dinero", el "no" se desecha y todo lo que queda es "Me falta dinero", que es exactamente lo contrario de lo que pretende manifestar.

Mantenga palabras como "no", "ni", "nunca", y "no puedes" fuera de sus afirmaciones. El diálogo interno debe dirigirse hacia lo que desea y no alejarlo de lo que busca eliminar de su vida. Nuestras palabras generan imágenes mentales que finalmente se convierten en el lenguaje de la mente subconsciente. Cuando nos enfocamos o hablamos sobre lo que *no* queremos en nuestra vida, esta es la imagen creada en nuestra mente subconsciente. Al enfatizar lo que queremos, hacemos que nuestra mente subconsciente se centre en resultados positivos.

Evite el uso de palabras que impliquen negatividad de alguna manera, como "perder", "detenerse", "abstenerse", "rendirse", "renunciar", etc. ¡Deje de afirmar lo que no quiere o de lo que está intentando deshacerse! Afirme lo que quiere lograr, incluido el peso perfecto que desea alcanzar en lugar de la cantidad de libras que quiere rebajar. La forma correcta de hacerlo es concentrarse en lo que quiere, no en lo que no quiere.

Evite usar frases como "Quiero" o "Deseo" o "Me gustaría". Esto implica la falta de algo en su vida. Es un estado de anhelo o deseo de algo que actualmente no existe en su vida. Si sigue reforzando la falta de algo, aquí es donde siempre estará. Siempre afirme los aspectos positivos de hacer y ser.

Además, si hay un problema que desea cambiar, evite mencionarlo. Mencionar el problema negativo solo lo hará más integrado en su subconsciente, algo que realmente no desea.

## 3 3. Las afirmaciones deben ser personales

Por mucho que quiera que otras personas a su alrededor cambien o hagan algo, afirmar por alguien más no funciona. Incluso con intenciones honorables, su idea de bueno o malo puede no funcionar para otra persona. Por lo tanto, enfóquese en cambiarse a sí mismo manteniendo las afirmaciones personales. Manténgalo limitado a la conversación positiva consigo mismo. Recuerde, solo puede cambiar sus propias actitudes, creencias, valores y comportamientos.

Use afirmaciones que se sientan perfectas para usted. Las guías de afirmaciones como este libro pueden ser un maravilloso punto de partida. Sin embargo, siempre trate de cambiar palabras y frases para sentirse más conectado o cómodo con sus afirmaciones y hacerlas más personales. Siempre cree afirmaciones que le parezcan ideales. Solo serán efectivas si se conecta con ellas a un nivel más profundo.

## 4. Manténgalas específicas

Las afirmaciones deben ser específicas, no ambiguas, y tratar con un solo objetivo a la vez. Se pueden decir varias afirmaciones sobre diversos temas. Sin embargo, cada afirmación debería enfocarse idealmente en un solo objetivo. Cuanto más precisas y puntuales sean sus afirmaciones, mayores serán sus posibilidades de manifestarlas.

Diga sus afirmaciones con tanto detalle como pueda. Describa todos los beneficios de lograr su objetivo. Si su subconsciente tiene una imagen clara con la que trabajar, la eficacia para lograrlo aumenta. Las afirmaciones vagas y ambiguas solo generan resultados vagos.

Por ejemplo, si desea un aumento de sueldo, no solo diga "aumento de sueldo". ¿Estará satisfecho con un aumento de salario del uno por ciento? ¿Si quiere bajar de peso, estará bien con una libra? Sea específico si quiere resultados. Afirme la cantidad exacta (o porcentaje) que quiere que sea su salario.

## 5. Practicar afirmaciones 20 veces al día

Para que una afirmación revele su verdadero poder y se vuelva aún más efectiva, úsela un mínimo de 20 veces, tres veces al día. Por lo tanto, cada afirmación se debe decir 20 veces en tres lotes a lo largo del día, lo que significa que está repitiendo una afirmación 60 veces en un día. Continúe esto hasta que la mente subconsciente acepte su afirmación como la verdad. Siga repitiendo la afirmación en un ciclo continuo para reforzar el impacto de la misma. Trate de hacer del uso de afirmaciones un hábito o práctica de por vida.

El mejor momento para decir sus afirmaciones es cuando se mira al espejo y se ve a sí mismo diciéndolas. Dígalas cuando se esté afeitando o maquillándose. También puede escribir la afirmación en un libro o diario varias veces al día.

# Capítulo Dos: Afirmaciones de riqueza, abundancia y prosperidad

1. La riqueza se está derramando y vertiendo en mi vida.
2. Las riquezas del universo se atraen hacia mí con facilidad y de forma sencilla.
3. Acepto abiertamente la riqueza, la prosperidad y la abundancia ahora.
4. Estoy agradecido por la fuente de riqueza desbordante, desenfrenada e ilimitada.
5. Todo a lo que dirijo mi mano devuelve riquezas y abundancia.
6. Soy un imán de dinero. El dinero siempre se siente atraído por mí.
7. Mi vida está completamente llena de abundancia poderosa y positiva.
8. Todas mis necesidades están más que satisfechas.
9. Soy próspero y el dinero me brota de múltiples fuentes.
10. Soy el receptor afortunado de la riqueza que fluye de varias fuentes de ingresos.
11. Doy y recibo gentilmente y soy una corriente de riqueza que fluye constantemente.

12. Acepto cortésmente toda la felicidad, la abundancia y la riqueza con la que el universo me baña cada día.
13. Los ingresos me llegan de formas inesperadas.
14. Amo el dinero y el dinero me ama.
15. Todo el dinero y la riqueza que quiero me fluyen ahora mismo.
16. Soy un tesoro oculto desbordante de abundancia.
17. Con facilidad, fluidez y de forma sencilla atraigo la prosperidad financiera, la riqueza y la abundancia en cada aspecto de mi vida.
18. Siempre tengo más que suficiente dinero.
19. El dinero me sigue fluyendo de fuentes esperadas e inesperadas.
20. El dinero circula constantemente en mi vida de forma libre y sencilla.
21. Siempre hay dinero sobrante que fluye hacia mí.
22. Soy financieramente libre.
23. El dinero viene volando hacia mí desde varias direcciones.
24. El dinero me llega generosamente de maneras perfectas.
25. Hay una gran cantidad de cosas para amar en mi vida y en las vidas de todos los que me rodean.
26. Siempre estoy sumando a los ingresos y la riqueza.
27. El dinero fluye a través de mí y tengo más que suficiente riqueza para satisfacer todas mis necesidades y deseos.
28. El dinero fluye hacia mí cada día.
29. El dinero me es atraído fácilmente, de forma sencilla y con frecuencia.
30. Soy un imán de la prosperidad. La prosperidad y la abundancia siempre me atraen.
31. Pienso en abundancia todo el tiempo.
32. Soy completamente digno de atraer riqueza y dinero a mi vida.
33. Merezco riqueza, dinero y abundancia.
34. Estoy abierto y acepto recibir la riqueza y la abundancia que la vida me ofrece.
35. Abrazo y celebro nuevas formas de generar ingresos.

36. Llamo, doy la bienvenida e invito a mi vida fuentes ilimitadas de riqueza, dinero e ingresos.

37. Uso el dinero para mejorar mi vida y la de otras personas.

38. Estoy totalmente alineado con la energía de la riqueza y la abundancia.

39. Mis acciones y obras conducen a la continua prosperidad.

40. Atraigo dinero y oportunidades de creación de riqueza.

41. Mis finanzas están mejorando más allá de mi imaginación.

42. La riqueza es la raíz de la comodidad, la alegría y la seguridad.

43. El dinero, la espiritualidad y la satisfacción pueden coexistir completamente en armonía.

44. El dinero, el amor y la felicidad pueden ser amigos.

45. El dinero funciona para mí.

46. Soy el amo del dinero, la riqueza y la abundancia.

47. Soy capaz de manejar grandes sumas de dinero.

48. Estoy completamente en paz teniendo mucho dinero.

49. Puedo manejar el éxito con dignidad y gracia.

50. La riqueza expande las experiencias, pasiones y oportunidades de mi vida.

51. La riqueza crea un impacto positivo, satisfactorio y gratificante en mi vida.

52. Me doy cuenta de que el dinero es importante para llevar una vida maravillosa.

53. El universo es un proveedor constante de dinero y riqueza para mí, y tengo más que suficiente riqueza para satisfacer todas mis necesidades.

54. Mis acciones y actividades generan más dinero para mí y recibo dinero constantemente.

55. Mi saldo bancario aumenta cada día, y siempre tengo más que suficiente dinero y riqueza para mí.

56. La riqueza y yo somos amigos y siempre estaremos juntos.

57. Cada día atraigo y ahorro más y más dinero.

58. El dinero es un aspecto integral de mi vida y nunca se ha alejado de mí.

59. Estoy libre de deudas, ya que el dinero, la riqueza y la abundancia fluyen para siempre en mi vida.

60. Mi conciencia de dinero siempre está aumentando y me ha mantenido rodeado de riqueza, dinero y abundancia.

61. Tengo una mentalidad de dinero y riqueza muy positiva.

62. Estoy muy enfocado en ser rico, adinerado y próspero.

63. Atraer riqueza, dinero y abundancia es fácil.

64. El valor de mi cuenta bancaria está creciendo día a día.

65. El dinero es una energía maravillosa.

66. Mi riqueza y mis ingresos aumentan automáticamente cada vez más.

# Capítulo Tres: Afirmaciones para el amor

67. Soy totalmente digno de amor.
68. Estoy enamorado de mí mismo por quién y lo que soy.
69. Merezco amor incondicional y felicidad.
70. Siempre estoy rodeado de personas amorosas, cariñosas y enriquecedoras en mi vida.
71. Soy responsable de mi felicidad y me amo a mí mismo.
72. Soy digno de recibir mucho amor.
73. He creado un hogar lleno de amor, felicidad, armonía y alegría.
74. Cuanto más amor doy, más amor recibo a cambio.
75. Estoy eternamente agradecido por cada relación y experiencia en mi vida.
76. Soy una persona amorosa, generosa e indulgente.
77. Trato a la persona que amo con amor, afecto y respeto.
78. Soy verdaderamente digno de amor y merezco ser amado y respetado.
79. Estoy enamorado de una persona que me adora.
80. Amo y acepto a otras personas tal como son, lo que crea relaciones/amistades duraderas para mí.

81. Soy amado, deseado y apreciado.

82. Mis relaciones están llenas de deseo, amor, pasión, diversión, cuidado y comprensión.

83. Valoro todas mis emociones y sentimientos.

84. Atraigo a la pareja perfecta que satisface mis necesidades de una manera inspiradora y positiva.

85. Soy muy sensible a las necesidades de las otras personas que me rodean.

86. Estoy rodeado de amor, respeto y gratitud.

87. Estoy en una relación amorosa, respetuosa y apasionada.

88. Estoy amando y siendo amado todo el tiempo.

89. Estoy agradecido por todo el amor que envuelve mi vida.

90. Doy y obtengo amor de forma sencilla y fácil.

91. La persona que amo está conmigo siempre y el flujo de amor en nuestra vida solo aumenta.

92. Todo el amor que deseo está dentro de mí.

93. Soy amado y capaz de dar amor.

94. Ahora mismo estoy en una relación perfecta con una pareja perfecta.

95. Estoy rodeado de amor todo el tiempo.

96. Todas mis relaciones son positivas, cariñosas, amorosas, inspiradoras y duraderas.

97. Realmente soy digno de ser amado y merezco recibir amor en abundancia absoluta.

98. Amo a todos a mi alrededor y otros me colman con abundante amor.

99. Siempre atraigo a personas amorosas y cariñosas en la vida.

100. Mi pareja y yo estamos enamorados y felices. Nuestra relación es verdaderamente gloriosa y dichosa.

101. Atraigo a personas amorosas, inspiradoras, cariñosas y positivas en mi vida.

102. Estoy agradecido con el universo por una pareja amorosa y cariñosa.

103. Tengo total gratitud por atraer solo relaciones sanas, amorosas y positivas.

104. Tengo la bendición de estar con el amor de mi vida. Nos tratamos con amor, aprecio y respeto.

105. Felizmente atraigo y doy amor cada día.

106. Estoy eternamente agradecido a mis compañeros por lo atentos, positivos, inspiradores y afectuosos que son.

107. Todos los días, estoy agradecido por ser amado y por obtener la atención que recibo.

108. Confío completamente en que el Universo me brindará apoyo, amor, cuidado, inspiración y relaciones positivas.

109. Abro mi corazón al saber que merezco amor.

110. Dondequiera que vaya y con quien sea, siempre encontraré amor.

111. Merezco totalmente el amor que recibo, y estoy abierto al amor que el universo me otorga.

112. Me atraen el amor y el romance, y el amor y el romance son atraídos por mí.

113. Propagué el amor y lo recibí varias veces.

114. Confío en que el universo me ayudará a encontrar mi alma gemela perfecta.

115. Puedo sentir y experimentar el amor de quienes me rodean inmensamente.

116. Amo cada aspecto de mi maravillosa vida.

117. El amor llena mi corazón, cuerpo y alma con calidez todos los días.

118. Me vuelvo más amoroso, atento e inspirador con cada día que pasa.

119. Todo lo que hago se alinea completamente con la vibración y la frecuencia del amor.

120. Doy y recibo amor con alegría, de forma asombrosa y libre.

121. Mi vida es verdaderamente asombrosa porque encuentro el amor dondequiera que voy.

122. Me gusta estar con gente que saca lo mejor de mí.

123. Me encanta estar con gente que saca a relucir mi mejor lado.

124. Me veo a mí mismo como una criatura de amor, felicidad, pasión y alegría.

125. Soy amado y aceptado. Soy amado y aceptado. Soy amado y aceptado.

126. Yo importo porque le aporto amor a este mundo de una manera maravillosa y significativa.

127. Mi pareja y yo somos un verdadero reflejo el uno del otro.

128. Creo un santuario dentro de mi casa que es siempre acogedor y de bienvenida para mi pareja.

129. Me mantengo firme, fuerte y conectado en mi amor.

130. El amor se origina en mi existencia central y afecta a todas las áreas de mi vida.

131. Pienso de manera positiva y cariñosa sobre mi pareja.

132. Animo a mi pareja a apuntar a las estrellas.

133. Mi energía convierte el conflicto en un sentido de unión, alineación y unidad.

134. Estoy contento, feliz y alegre solo, y mi pareja se suma al maravilloso sentimiento que ya existe.

135. Me gusta tener relaciones satisfactorias, gratificantes y enriquecedoras con mis amigos y familiares.

136. Atraigo más y aprecio la alegría de dar y recibir amor incondicional.

137. Busco el amor de mi vida, y el amor de mi vida me busca.

138. Estoy agradecido por el romance y el amor que estoy atrayendo en mi vida.

139. Hablo, pienso y me comporto desde un lugar de amor dentro de mí.

140. Paso tiempo con una persona que me acepta incondicionalmente como soy.

141. Acojo con gran satisfacción el romance y la pasión que brotan de mi vida.

142. Mi relación se hace más fuerte, más apasionada y romántica cada día.

143. La intimidad emocional es una parte integral de mi relación cada día.

144. Mi relación se fortalece cada día y mi amor se profundiza mucho más.

145. Tengo la bendición de estar enamorado de una persona que es mi verdadera alma gemela.

# Capítulo cuatro: Afirmaciones para la salud

146. Estoy en forma, atractivo, enérgico y sano.

147. Me estoy volviendo más saludable, con más energía y más en forma cada día.

148. Soy impresionante, de adentro hacia afuera.

149. Me cuido comiendo bien, durmiendo adecuadamente y haciendo ejercicio.

150. Tomo respiraciones más largas, profundas, tranquilas y relajadas.

151. Amo, cuido y cuido mi cuerpo, y me cuida.

152. Soy muy hermosa, estoy en forma, y soy atractiva.

153. Estoy completamente relajado y lleno de serenidad y paz mental.

154. Estoy en un estado mental relajado.

155. Mi cuerpo se cura, se repone y se repara rápidamente.

156. Soy hermoso en mi cuerpo, mente y espíritu.

157. Me acuesto temprano, duermo profundamente y me levanto temprano.

158. Yo creo energía curativa a lo largo de mi vida.

159. Estoy sano, relajado y feliz.

160. Soy capaz de manifestar la máxima salud y fuerza.

161. Estoy sano, confiado, y física y emocionalmente fuerte y feliz.

162. Mantengo mi peso corporal sin esfuerzo y fácilmente en todo momento.

163. Estoy totalmente en control de mi salud, sanación y bienestar.

164. Aprecio y adoro mi cuerpo, mente y alma.

165. Tengo energía abundante e inagotable.

166. Mi piel es clara, brillante y radiante.

167. Soy capaz de mantener mi peso perfecto.

168. Estoy sano en todos los aspectos de la vida.

169. Soy una persona eficaz, saludable, en forma y enérgica que es capaz de manejar cualquier cosa que surja.

170. Dedicaré 15-20 minutos al día para hacer ejercicio.

171. Me siento vibrante, entusiasta y enérgico en cada momento.

172. Me gusta comer comidas nutritivas, equilibradas y saludables.

173. Tengo un poder completo para controlar mi estado físico y salud.

174. Me encanta comer alimentos saludables y hacer ejercicio.

175. Soy el receptor de una salud resplandeciente y una mente, cuerpo y espíritu vibrantes.

176. Ahora estoy disfrutando completamente de mi rutina diaria de ejercicios.

177. Estoy en forma, saludable y activo, y practico ejercicios regulares.

178. Mi cuerpo está en forma y sano, y todos mis órganos funcionan perfectamente bien.

179. Cada día, me acerco más y más a mi peso perfecto.

180. Yo como combustible para alimentar y nutrir mi cuerpo cuando sea necesario.

181. Me mantengo alejado de la comida chatarra. Como alimentos saludables, nutritivos, energéticos y equilibrados que benefician a todo mi cuerpo.

182. Tengo un corazón fuerte y un formidable cuerpo de acero. Estoy sano, vigoroso, enérgico y lleno de vitalidad.

183. Con cada día que pasa, mi cuerpo se vuelve más saludable, más enérgico y fuerte.

184. Mi cuerpo es un templo. Es santo, limpio y lleno de un sentido de bondad.

185. Respiro bien y profundamente, hago ejercicio con regularidad y le doy a mi cuerpo alimentos nutritivos.

186. Estoy completamente libre de diabetes, presión arterial alta y cualquier enfermedad mortal.

187. Expreso mi gratitud a Dios y a todos en mi vida.

188. Soy sano, rico y sabio. Mi cuerpo está sano, mi mente es sabia, mientras que siempre tengo abundancia.

# Capítulo Cinco: Afirmaciones para la Felicidad

189. Estoy abierto a aceptar nuevos comienzos y travesías. Estoy aprendiendo, creciendo y abriendo nuevas y prometedoras posibilidades.

190. En cada momento aprecio la integridad de mi travesía, y soy consciente de que apreciar la integridad de mi trayecto me brinda mayor felicidad, paz y alegría para los días interminables.

191. Las pequeñas alegrías agregan gran felicidad a mi vida cuando me hago más consciente de su existencia en mi vida.

192. Respeto todo y a todos los que me rodean, y realizo incluso pequeñas acciones con mucho amor, felicidad y gratitud.

193. Soy fuerte, creativo y feliz, y uso mis errores como peldaños para convertirme en una persona más sabia.

194. Valoro la paz interior y me doy cuenta de que ser yo mismo es completamente aceptable. Vivo con mi verdad. La felicidad está tanto dentro de nosotros como fuera de nosotros.

195. Conmuevo varias vidas. Mi felicidad hace feliz a la gente que me rodea y hace del mundo un lugar enorme y feliz.

196. Estoy verdaderamente agradecido al universo por esta vida maravillosa y gloriosa. Estoy verdaderamente agradecido a todos los que han tocado mi vida y han hecho que valga la pena vivirla.

197. Los pensamientos y circunstancias felices me atraen naturalmente. Estoy siempre aterrizando en circunstancias felices.

198. Estoy feliz de realizar actos aleatorios de compasión, bondad, amor y felicidad. El amor resulta en más amor y felicidad.

199. Soy cariñoso, alegre, compasivo y amable.

200. Estoy enfocado, entusiasmado y emocionado de asumir cualquier cosa que se me presente, día tras día, con una actitud positiva y enérgica.

201. Estoy verdaderamente agradecido y apreciado por todo lo que poseo, incluyendo el amor, la felicidad, la compasión y la alegría.

202. Tengo una sensación completa de alegría, amor y felicidad en el momento, e irradio esa energía a lo largo del día.

203. Me siento espléndido por dentro y por fuera al definir mi propio sentido de la belleza a través de la felicidad, el amor abundante y la energía positiva.

204. Mi abundancia de amor, energía positiva y felicidad me permiten integrarme en el día para lograr todo lo que puedo.

205. Este día, me permito experimentar la bondad que me rodea y retener una energía positiva que fluye a lo largo del día para nutrir mi cuerpo, mente y espíritu.

206. La felicidad es mi derecho de nacimiento. Elijo atraer la felicidad, y merezco ser verdaderamente feliz y alegre en todo lo que hago.

207. Hoy es un nuevo día que presenta una nueva oportunidad para comenzar de nuevo con un aspecto maravilloso y positivo.

208. Hoy es el día para nuevos comienzos, y le doy la bienvenida con ojos renovados y una mente rejuvenecida.

209. La abundancia fluye a lo largo de mi día. ¡Poseo toda la felicidad, el amor, la creatividad, el entusiasmo y la energía para hacer que mi día sea maravilloso!

210. Cada momento que estoy vivo, me vuelvo más feliz.

211. Cada célula viva en mi cuerpo está pulsando de alegría, felicidad, positividad y abundancia.

212. Cada día que estoy vivo, siento una gran sensación de alegría, felicidad y positividad.

213. Cada nuevo día, siento que me estoy divirtiendo más.

214. Siento que estoy explorando y descubriendo nuevas cosas que me alegran cada día.

215. Mi felicidad se expande y se eleva cada día.

216. Cada día de mi vida está lleno de un renovado sentido de rosas, arco iris y luz solar.

217. Cada día doy la bienvenida a la mayor diversión, alegría y felicidad en mi vida.

218. No puedo dejar de sonreír porque todo en mi vida se siente bien en la actualidad.

219. Pienso cosas positivas, y siempre estoy feliz, en paz y con alegría, independientemente de mis condiciones externas.

220. Todo lo que encuentro a lo largo del día pone una sonrisa en mi cara.

221. A menudo activo las sustancias que hacen sentirse bien en mi cerebro para sentirme feliz y sonreír mucho.

222. Decoro cada día con risa, dicha y alegría.

223. Me permito disfrutar de cada momento de mi día.

224. Siempre persigo mi dicha.

225. Siempre busco formas de atraer más alegría y risas a mi vida.

226. Estoy completo dentro de mí.

227. Soy todo lo que elijo ser.

228. Soy saludable, alegre, dichoso y fuerte.

229. Todo lo que necesito ser está dentro de mí.

230. Creo completamente en mí mismo y en todo lo que tengo para dar al mundo.

231. Soy audaz, valeroso y valiente.

232. Soy libre de crear la vida de mis sueños y deseos.
233. Estoy presente, atento y consciente.
234. Las posibilidades que me presenta la vida son infinitas.
235. Estoy abierto a recibir.
236. Floto feliz y de manera contenta dentro de mi mundo.
237. Merezco estar en un estado sereno, tranquilo y pacífico.
238. Elijo vivir una vida feliz, equilibrada y pacífica.
239. Creo un lugar de paz, tranquilidad y armonía para mí y para los demás.
240. Encuentro la felicidad, la alegría y el placer en lo más pequeño de las cosas.
241. Puedo aprovechar mi fuente de felicidad interna en cualquier momento que lo desee y dejar salir un flujo de alegría, placer, felicidad y bienestar.
242. Miro y observo el mundo con una sonrisa, porque no puedo evitar sentir la alegría a mi alrededor.
243. Me divierto mucho incluso con los afanes más triviales.
244. Tengo un maravilloso sentido del humor y me encanta compartir la risa y la alegría con los demás.
245. Mi corazón está lleno de un sentimiento de felicidad y alegría.
246. Descanso en completa alegría y felicidad cada vez que me voy a dormir, sabiendo muy bien que todo está bien en mi universo.
247. La felicidad es mi derecho. De todo corazón abro la felicidad como mi estado de ser.
248. Soy la persona más contenta y feliz de este planeta.
249. Me alegra que toda la felicidad se origine dentro de mí y que viva cada momento al máximo.
250. Me despierto todos los días con una sonrisa alegre en la cara y una sensación de gratitud en mi corazón por todos los maravillosos momentos que me esperan durante el día.

# Conclusión

Gracias por descargar este libro.

Espero sinceramente que haya podido ayudarle a aprender más sobre las afirmaciones y ofrecer estrategias prácticas a través de las cuales pueda comenzar a utilizar afirmaciones para transformar su vida personal con más confianza. Encontrará varios consejos sobre cómo usar las afirmaciones de la manera correcta para obtener resultados óptimos.

El libro está lleno de afirmaciones para disfrutar de una mejor salud, riqueza, amor y felicidad. Estas afirmaciones son fáciles de recordar y decir, y tienen el poder de transformar verdaderamente su vida si se usan correctamente.

¡El siguiente paso es tomar acción! Una persona que *no lee* es tan buena como una persona que no puede leer. Del mismo modo, el conocimiento sin acción es inútil. Uno no puede transformar la vida de uno o usar afirmaciones solo leyendo sobre ellas y sintiéndose maravilloso. Tiene que usar ciertos consejos para hacer que funcione exactamente de la manera que quiere, y lo más importante, utilice afirmaciones de manera consistente.

Las afirmaciones funcionan como un encanto porque incrustan profundamente una frecuencia de sentimiento en la mente subconsciente. Si los repite, ¡influyen en la mente subconsciente para que actúe de una manera específica!

Por último, si le gustó leer el libro, tómese un tiempo para compartir sus opiniones y publicar un comentario. Sería muy apreciado.

# Cuatro Parte: Afirmaciones "Yo soy"

*250 afirmaciones poderosas sobre vivir en abundancia de riqueza, salud, amor, creatividad, autoestima, alegría y felicidad*

# Introducción

En los siguientes capítulos analizaremos cómo usar las afirmaciones para cambiar su vida en una dirección positiva. Muchas veces, usted puede sentir que está rodeado de pensamientos y sentimientos negativos todo el día, todos los días. Siente que ha fallado en la vida, el trabajo y las relaciones. Y cuanto más piense las cosas de manera negativa, más negatividad llegará a su vida.

Puede ser extremadamente difícil romper el ciclo del pensamiento negativo. El uso de afirmaciones positivas verdaderamente puede cambiar su forma de pensar y de cómo usted interactúa con el mundo que le rodea. Se está permitiendo adquirir un nuevo hábito, uno que cambiará su vida para mejor. Cuando se usan correctamente, las afirmaciones pueden cambiar su visión de las cosas y ayudarle a sentirse más feliz y saludable. Pueden ayudarle a alcanzar el éxito, tanto profesional como personal. Usted puede aprender a tener amor, alegría y felicidad en su vida, incluso si no ha sentido esas emociones en mucho tiempo. ¡Las afirmaciones pueden incluso ayudarle a aumentar su autoestima! Pueden hacer mucho por usted y mejorar su vida de una manera única.

Piénselo como una forma de karma. Cuando tenemos una actitud positiva y nos sentimos bien con nosotros mismos, nuestras vidas tienden a ser mucho más fáciles. Puede describirse como una especie de "vibración". Cuando nuestra vibración es positiva, las cosas positivas como el amor, la salud y la riqueza son atraídas magnéticamente hacia nosotros. Lo contrario también puede ser cierto. Cuando tenemos una actitud negativa y nos sentimos mal con nosotros mismos, podemos albergar un tipo de comportamiento contraproducente. Hacerlo causa resultados negativos, como enfermedades, dramas y problemas financieros. En lugar de enfocarnos en todos los aspectos negativos de nuestras vidas, podemos usar afirmaciones para ayudarnos a ver toda la positividad que nos rodea. Nosotros somos capaces de enfocar nuestra atención hacia los objetivos, tanto a corto plazo como a largo plazo, alejarnos del estrés y fomentar nuestro propio cambio de una manera positiva.

Hay muchos libros sobre este tema en el mercado, ¡nuevamente gracias por elegir este! Nos hemos esforzado por garantizar que esté lleno de la mayor cantidad de información útil posible. ¡Disfrútelo!

# Capítulo 1: Cómo usar las afirmaciones

Las afirmaciones pueden ser útiles para muchas situaciones diferentes que puede encontrar en su vida diaria. El uso de ellas realmente ha demostrado la evidencia de un mejor desempeño en el trabajo. Solo pasar unos momentos pensando en lo que le hace a usted especial antes de una gran presentación o reunión puede tranquilizarle, aumentar su confianza e incluso aumentar las posibilidades de un resultado exitoso. Las afirmaciones también pueden ser muy útiles para deshacerse del estrés. Ayudan a cambiar su forma de pensar, lo que le ayuda a convertirse en un mejor solucionador de problemas. Eso a su vez le ayuda a descubrir las cosas que normalmente le generan estrés.

Las afirmaciones también son buenas para el manejo de la ira, para cuando se siente impaciente o frustrado, o incluso para superar un mal hábito. Las afirmaciones pueden ser una forma poderosa de cambiar realmente su vida. Son una forma de transformar su pensamiento de negativo a positivo, pero solo funcionan cuando se usan correctamente.

Hay algunas cosas importantes que debe recordar al usar afirmaciones.

**Tiempo presente**

Indique siempre la afirmación en tiempo presente. Si lo dice en tiempo futuro, entonces es algo que piensa hacer en el futuro en lugar de hacerlo en este momento. Por ejemplo, al decir "me sentiré feliz", hace parecer que no es realmente feliz ahora, pero quizás algún día lo será. El problema es que necesita sentirse feliz ahora, no en un momento indeterminado en el futuro. En su lugar, use el tiempo presente y diga: "Yo soy feliz". Hacer esto reacondiciona su mente para cambiar su forma de pensar acerca de esa emoción específica.

**Las palabras positivas**

Siempre es mejor mantenerse alejado de las palabras negativas. Todas sus afirmaciones deben contener únicamente términos positivos. Su subconsciente siente palabras negativas y las entiende de manera equivocada. Por ejemplo, tome una afirmación que diga: "No soy pobre". Parece ser una manera positiva de pensar, ¿cierto? Sin embargo, su mente se enfoca en la parte "pobre" de la misma, lo que hace que se concentre y piense en lo pobre que usted es.

Otro ejemplo es cuando tiene muchos platos sucios en el fregadero. Podría decir algo como: "Bueno, no están tan sucios". Pero usted escucha la palabra "sucios", que tiene una connotación negativa, y entonces todo en lo que se puede centrar es en el desorden y la suciedad, que es lo opuesto a lo que está tratando de lograr. En su lugar, utilice una afirmación que solo use palabras positivas; una que muestre cuánto tiene, no cuánto no tiene. Un giro positivo en el ejemplo de "no soy pobre" es diciendo "tengo riqueza". Su mente se enfoca en la parte de "tener" y "riqueza", y comienza a sentirse positivo acerca de cuánta riqueza tener. ¡Es realmente sorprendente cómo el uso de las palabras positivas puede cambiar la forma en que realmente pensamos sobre las cosas!

**Una a la vez**

Existen muchas afirmaciones diferentes. ¡Este libro en sí habla de siete tipos diferentes! Como hay tantos, puede ser muy fácil combinar afirmaciones. Especialmente cuando los temas están tan estrechamente relacionados, como la felicidad y el amor. Sin embargo, en realidad es mejor mantener cada tema de afirmación separado y centrarse en un objetivo a la vez. Puede ser difícil comenzar a tratar de lograr muchos objetivos diferentes al mismo tiempo. Piénselo como si se tratara de hacer malabares. Lanzar muchas bolas al aire requiere de mucha concentración, y puede ser muy fácil fallar e incluso dejar caer una bola. Pero concentrarse en mantener una sola bola en el aire significa que puede mantener toda su concentración en ella, lo que hace que la tarea sea mucho más fácil. Si usted intenta centrarse en demasiadas afirmaciones de diferentes temas, entonces lo que trata de lograr no funcionará. Concéntrese en una a la vez y enfóquese completamente en ese objetivo. Al hacer esto, tendrá éxito en lo que se proponga.

**Práctica, práctica, práctica**

Es muy importante practicar las afirmaciones tanto como sea posible. De hecho, la forma recomendada es repetir una al menos 20 veces y hacerlo tres veces al día.

Es difícil adquirir un hábito, y especialmente difícil cambiar la forma en que su mente piensa. Por ejemplo, una de las afirmaciones más difíciles es sobre la autoestima. Muchas personas se menosprecian con mucha frecuencia y no se consideran muy bien a sí mismas. Podría ser sobre el aspecto o lo inteligente que es; independientemente, casi todo el mundo tiene problemas de autoestima. Esto hace que las afirmaciones de autoestima sean mucho más difíciles. Es muy fácil decir "soy bonita" o "valgo algo", pero ¿cuánta gente realmente piensa que lo que dicen es la verdad? La mejor manera de adquirir el hábito de algo es hacerlo una y otra vez. Repitiéndose a usted mismo estas afirmaciones muchas veces al día, comenzará a cambiar su forma de pensar. Comenzará realmente a creer que usted es bonita y que vale algo. Si continúa practicando, finalmente su mente aceptará la afirmación como la verdad.

Sin embargo, no puede detenerse una vez que llegue a ese punto. Las afirmaciones necesitan refuerzo, o de lo contrario existe la posibilidad de que vuelva a su forma de pensar anterior. Entonces, en lugar de detenerse una vez que acepte la afirmación, siga repitiéndola continuamente. Es mejor usar afirmaciones a diario, así que conviértalo en un hábito y practíquelo haciéndolos a una hora específica cada día. Cuando se está cepillando los dientes o apenas se despierta, son buenos momentos para practicar. ¿Qué pasa cuando está almorzando? En lugar de pensar en lo que va a hacer esa tarde o estar en las redes sociales, puede decirse a sí mismo algunas afirmaciones.

Al final de un largo día, trate de decir algunas afirmaciones al espejo. Tal vez tuvo un día realmente difícil en el trabajo y se siente verdaderamente mal. En lugar de simplemente aceptar la negatividad, dígase algunas afirmaciones positivas que le ayudarán a sentirse mejor.

## Capítulo 2: La riqueza

1. Yo merezco dinero. Atraigo grandes cantidades de dinero para mí. Yo merezco tener mucho dinero.
2. Yo soy bueno administrando mi dinero. Yo soy el amo de mi dinero. Estoy en control de mis finanzas.
3. Estoy agradecido por la riqueza que hay en mi vida en este momento. Estoy agradecido por la riqueza que ya tengo dentro.
4. Yo soy rico. Yo soy una mujer/hombre rico. Atraigo riqueza de todo lo que me rodea.
5. Doy valor a los demás. Creo valor para los demás. Yo soy un ser lleno de ideas y pensamientos creativos ilimitados.
6. Bendigo a todos los que son ricos, abundantes y ricos. Bendigo su abundancia y riqueza y envío mi amor a su manera.
7. Me estoy volviendo más y más rico cada día, en todos los sentidos.
8. Cada día me hago más abundante, en todos los sentidos.
9. Cada día me vuelvo más y más rico, en todos los sentidos.
10. Yo uso el dinero para cosas buenas. El dinero es bueno porque lo uso para bien.
11. Me vuelvo más rico dando más. Me hago más millonario dando más. Me hago abundante dando más.
12. Yo soy millonario. Pienso como millonario, actúo como millonario y me siento millonario.

13. Yo permito que la riqueza entre en mi vida. Yo permito que la prosperidad entre en mi vida. Yo permito que la abundancia entre en mi vida.
14. Yo soy receptivo a toda la riqueza que la vida me ofrece.
15. Mi éxito es importante y necesario.
16. Mis sueños se han hecho realidad.
17. Cada día es un día de riquezas.
18. Yo creo riqueza, así que siempre soy rico.
19. Yo soy positivo a hacerme rico.
20. Yo doy la bienvenida a la riqueza con los brazos abiertos.
21. Espero éxito en todos mis esfuerzos y permito que el éxito sea mi estado natural.
22. Yo hago de los retrasos y errores mis pasos hacia mi éxito.
23. Yo soy capaz de superar los desafíos rápidamente.
24. Yo soy capaz de pasar de una mentalidad de pobreza a una mentalidad de abundancia.
25. El dinero me llega de manera fácil y sin esfuerzo.
26. Yo estoy alineado con la energía de la riqueza y la abundancia.
27. Aprovecho las nuevas oportunidades de ingresos.
28. Yo uso mi dinero para mejorar mi vida y las vidas de quienes me rodean.
29. Yo soy capaz de manejar grandes cantidades de dinero.
30. El dinero crea un impacto positivo en mi vida.
31. Yo manejo el éxito con gracia.
32. Yo soy el amo sobre mi riqueza.
33. Yo soy capaz de recibir dinero.
34. Yo permito que mi riqueza se expanda y vivo con comodidad y alegría.
35. Yo soy capaz de ganar dinero haciendo lo que amo y estoy totalmente apoyado en mis proyectos.
36. Tengo pensamientos positivos sobre el dinero.

# Capítulo 3: La salud

1. Yo como alimentos saludables que benefician a mi cuerpo.
2. Yo tomo grandes cantidades de agua que limpian mi cuerpo.
3. Yo me siento bien, mi cuerpo se siente bien e irradio buenos sentimientos.
4. Yo estoy en posesión de una mente sana y un cuerpo sano.
5. Yo tengo un corazón fuerte y un cuerpo sano. Soy enérgico y vigoroso.
6. Yo dejo de lado todos los sentimientos negativos sobre otros, los incidentes y todo lo demás. Perdono a todos los que están asociados conmigo.
7. Yo trato mi cuerpo como un templo. Mi cuerpo es limpio, santo y lleno de bondad.
8. Mi cuerpo está sano, yo soy rico y mi mente es sabia.
9. Me rodeo de personas que me animan a estar saludable.
10. Yo honro mi cuerpo.
11. Espero una vejez saludable porque ahora cuido mi cuerpo.
12. Yo estoy agradecido por mi cuerpo sano.
13. La paz fluye a través de mi mente, cuerpo y alma.
14. Me gusta vivir la vida.
15. Yo soy digno de buena salud.
16. Yo me enfoco en la progresión positiva.
17. Yo soy amigo de mi cuerpo.

18. Yo cuido mi cuerpo con una compasión incondicional.
19. Yo estoy haciendo todo lo posible para mantener mi cuerpo bien.
20. Yo estoy dispuesto a participar en mi plan de bienestar.
21. Yo tengo un sistema inmunológico fuerte. Soy capaz de lidiar con gérmenes, bacterias y virus.
22. Mi cuerpo está lleno de energía.
23. Mi cuerpo está libre de dolor.
24. Mi cuerpo se cura solo, y me siento mejor cada día.
25. Envío mucho amor y sanación a todos mis órganos.
26. Yo le presto atención a mi cuerpo. Escucho lo que mi cuerpo necesita.
27. Tengo un buen sueño. Duermo profundamente y me despierto sintiéndome descansado.
28. Me rodeo de personas que apoyan mis elecciones saludables.
29. Hablo, pienso, y actúo en perfecta salud.
30. Yo elijo hacer que todos mis pensamientos sean saludables.
31. Yo disfruto cuidando mi cuerpo.
32. Yo respiro profundamente para levantar mi estado de ánimo y llevar energía a mi cuerpo.
33. Permito que todas las células de mi cuerpo lo reparen y lo rellenen.
34. Yo nutro mi cuerpo con mucha agua.
35. Me divierto al ejercitar mi cuerpo.
36. Yo escucho mi cuerpo, que me comunica lo que me gusta.

# Capítulo 4: El amor

1. Yo estoy rodeado de amor.
2. Yo mantengo mi corazón abierto.
3. Yo irradio amor.
4. Merezco amar y ser amado.
5. Siempre recibo lo que doy al mundo.
6. Soy capaz de ver desde el punto de vista de mi pareja, por lo que puedo entenderla perfectamente.
7. Yo soy capaz de expresar mis sentimientos abiertamente.
8. Todas mis relaciones ofrecen una experiencia positiva y amorosa.
9. Estoy feliz de dar y recibir amor todos los días.
10. Estoy agradecido por lo amado que soy y por lo mucho que la gente se preocupa por mí.
11. Tengo el poder de dar amor sin cesar.
12. Yo doy la bienvenida al amor con los brazos abiertos.
13. Yo permito que mi belleza interior se irradie hacia afuera.
14. Mis relaciones me llenan.
15. Yo soy hermoso.
16. Yo confío en el universo para encontrarme mi pareja perfecta.
17. Yo siento amor. Veo amor. Soy amado.
18. Yo me amo a mí mismo y a todos los aspectos de mi vida.
19. Miro todo con ojos amorosos, y amo todo lo que veo.
20. Mi pareja me ama por lo que soy.

21. Yo respeto y admiro a mi pareja.
22. Yo veo lo mejor en mi pareja.
23. Comparto la intimidad emocional con aquellos con los que tengo una relación fuerte.
24. Mi pareja y yo nos comunicamos abiertamente.
25. Yo soy capaz de resolver los conflictos con mis seres queridos de una manera pacífica y respetuosa.
26. Yo soy capaz de ser yo mismo en una relación amorosa.
27. Yo apoyo a mi pareja y quiero lo mejor para él/ella.
28. Yo merezco compasión, empatía y amor.
29. Tengo un corazón cariñoso y cálido.
30. Yo estoy lleno de amor por quien soy.
31. Mi vida está llena de amor.
32. El amor fluye a través de mí en cada situación.
33. Yo encuentro el amor a donde quiera que vaya.
34. Yo soy capaz de recibir amor con los brazos abiertos.
35. Yo tengo el apoyo de mi familia, mis amigos, mis relaciones y eso me encanta.

# Capítulo 5: La creatividad

1. Yo hago tiempo para crear.
2. Yo me desarrollo constantemente como artista.
3. Dejo que mi yo creativo salga a jugar.
4. Yo me doy espacio para la expresión creativa.
5. Yo soy creativo.
6. Yo tengo una mente libre y abierta.
7. Yo tengo una imaginación activa y libre.
8. Yo estoy lleno de creatividad e inspiración.
9. Mi mente creativa es el mejor recurso para superar los desafíos.
10. Yo estoy abierto a nuevas experiencias.
11. Yo hago de cuidar mi mente una prioridad.
12. Abrazo y amo a mi niño interior creativo.
13. Soy mi yo único. Soy especial, maravilloso, y creativo. Dirijo mis talentos creativos hacia cualquier cosa que me dé placer.
14. Uso mi creatividad en todos los aspectos de mi vida.
15. Mis dones son apreciados por quienes me rodean y mis talentos son buscados.
16. Yo puedo crear milagros dentro de mi vida.
17. Suelo apartar toda resistencia al expresar mi creatividad.
18. Hay muchas oportunidades en cualquier área creativa que yo elija.

19. Incluso si no tengo éxito, todos mis proyectos creativos me traen satisfacción.
20. Yo estoy abierto a aprender nuevas ideas creativas todos los días.
21. Yo practico ser creativo todos los días, y es una prioridad en mi vida.
22. Cada día me hago más creativo.
23. Yo soy capaz de resolver problemas usando ideas creativas y únicas.
24. Yo estoy lleno de creatividad.
25. Yo tengo el poder y los recursos como creador.
26. Yo soy un ser poderoso y creativo con ideas ilimitadas.
27. Yo soy capaz de pensar ideas nuevas y frescas.
28. Yo estoy agradecido de tener una mente imaginativa.
29. Yo estoy agradecido por todas mis diferentes ideas creativas.
30. Yo estoy agradecido por mis habilidades creativas.
31. Yo soy imaginativo.
32. Yo soy ingenioso e inventivo.
33. Yo siempre puedo contar con mi imaginación para ideas creativas.
34. Yo uso mi poder y mis dones de maneras útiles e inspiradoras.
35. Yo soy capaz de sentirme creativo e inspirado cuando estoy en el trabajo.
36. Yo tengo un talento creativo fantástico.

# Capítulo 6: La autoestima

1. Yo estoy dispuesto a aceptar los errores. Ellos son los peldaños del éxito.
2. Yo siempre estoy aprendiendo y creciendo.
3. Yo no me compararé con otros.
4. Yo me enfoco en las cosas que puedo cambiar.
5. Yo merezco una buena vida. Alejo de mí todas las ideas de sufrimiento y desdicha.
6. Yo me amo como soy.
7. Yo estoy constantemente creciendo y cambiando para mejor.
8. Yo soy inteligente, competente y capaz.
9. Yo creo en mí mismo, en mis destrezas y en mis habilidades.
10. Yo soy útil y hago aportes a la sociedad y mi propia vida.
11. Mis decisiones son sensatas y razonables, y las apoyo.
12. Yo tengo la capacidad de adquirir todos los conocimientos que necesito para tener éxito.
13. Yo soy libre de tomar mis propias decisiones y elecciones.
14. Yo soy digno del respeto de los demás.
15. Yo acepto los cumplidos fácilmente y los doy libremente.
16. Yo acepto a otras personas tal como son, lo que a su vez les permite aceptarme tal como yo soy.
17. Yo me respeto.

18. Yo dejo de lado la necesidad de probarme ante los demás. Soy mi propio yo, y me amo tal como soy.
19. Yo estoy lleno de valentía. Y estoy dispuesto a actuar a pesar del miedo.
20. Yo confío en mí mismo.
21. Me acerco a personas extrañas con entusiasmo y audacia.
22. Yo respiro de una manera que me ayuda a sentir más confianza. Inhalo confianza y exhalo timidez.
23. Yo tengo confianza en mi futuro.
24. Yo soy una persona independiente, persistente y creativa en todo lo que hago.
25. Yo confío en mi segunda naturaleza.
26. Yo soy capaz de encontrar la mejor solución a mis problemas.
27. Yo recuerdo que nada es imposible.
28. Yo soy único. Me siento bien. Me encanta vivir la vida y ser yo.
29. Yo tengo integridad.
30. Yo me acepto plenamente.
31. Yo estoy orgulloso de mí mismo.
32. Yo permito que mi mente se llene de pensamientos nutritivos y positivos.
33. Yo me acepto y encuentro paz interior al hacerlo.
34. Yo tengo la capacidad de superar todos los desafíos que la vida me da.
35. Yo soy capaz de levantarme ante la adversidad.
36. Yo tomo mis propias decisiones y elecciones.

# Capítulo 7: La alegría

1. Yo estoy dispuesto a permitir la alegría en mi vida.
2. Yo muestro alegría a todo con lo que interactúo.
3. Yo elijo la alegría. Es una posibilidad en todos y cada uno de los momentos de mi vida.
4. Mi día comienza y termina con alegría y gratitud por mí mismo.
5. Mis experiencias de alegría se expanden cada día.
6. Yo me permito sentir aprecio y alegría por las personas que me aman.
7. Yo me permito sentir alegría.
8. Yo me permito estar abierto a experimentar más momentos de alegría, cada día.
9. Mis palabras, acciones y pensamientos apoyan mi vida de felicidad.
10. Yo elijo que la alegría sea parte de mi ser interior.
11. Yo estoy feliz con todos mis logros.
12. Yo tomo decisiones y elecciones que me nutren y me traen alegría.
13. Yo saludo todos los días con gratitud y alegría.
14. Yo me permito sentir alegría.
15. Yo me permito enfocarme en pensamientos que me hacen feliz.
16. Yo doy alegría a los demás para poder recibirla a cambio.

17. Yo entiendo que está bien sentir alegría cuando otros no la sienten.
18. Experimentar la vida me trae una gran alegría.
19. Una experiencia alegre abre la puerta a muchas más experiencias alegres.
20. Yo permito que mi alegría me lleve a nuevas alturas.
21. Yo sonrío y siento alegría por el mundo que me rodea.
22. Incluso las cosas simples de la vida me permiten sentir alegría.
23. Yo siento alegría por estar vivo.
24. Yo soy capaz de encontrar la alegría en las cosas simples.
25. Me encanta compartir mi alegría con los demás.
26. Yo soy capaz de encontrar la alegría en cada momento que pasa.
27. Yo doy la bienvenida a la alegría en mi vida.
28. Yo soy capaz de aceptar la alegría y la paz en todos los aspectos de mi vida.
29. Yo dejo de lado toda ansiedad, preocupación, miedo y duda, y me lleno de paz, amor y alegría.
30. Yo he creado un hogar lleno de alegría.
31. Yo doy lo mejor de mí todos los días, lo que me llena de alegría.
32. Yo comparto libremente la alegría que siento en mi corazón.
33. Me gusta hacer cosas buenas para otras personas.
34. Mis responsabilidades diarias le dan a mi vida equilibrio y alegría.
35. Yo soy capaz de hacer que lo que esté haciendo sea agradable.

# Capítulo 8: La felicidad

1. Yo soy más feliz que nunca.
2. Yo entiendo que está bien ser feliz.
3. Yo elijo ser feliz.
4. Yo merezco ser feliz.
5. Yo comparto mis pensamientos y experiencias felices con los demás.
6. La felicidad es algo que es contagioso. Entiendo esto y comparto la felicidad a los demás, lo que a su vez me la devuelve.
7. Mi felicidad ayuda a las personas a mi alrededor a sentirse felices.
8. Mi actitud feliz atrae otra felicidad a mi vida.
9. Yo estoy agradecido por mi vida maravillosa. Agradezco a todos los que me han hecho feliz y han hecho que mi vida valga la pena.
10. Yo me siento feliz cuando me acerco hacia mis metas.
11. Yo me enfoco más en mi felicidad presente que en mis errores pasados.
12. Yo veo la felicidad a donde quiera que vaya.
13. Yo puedo levantarme y levantar mi propio espíritu.
14. Yo siento una sensación de felicidad y paz dentro de mí.
15. Yo soy una persona positiva y elijo tener una opinión positiva.
16. Yo tengo todo lo que necesito para ser feliz.

17. Yo estoy listo para enfrentar lo que se me presente con una actitud positiva y feliz.
18. Yo soy feliz. Estoy saludable. Soy fuerte.
19. La felicidad es mi derecho de nacimiento. La felicidad es mi estado natural de ser.
20. Yo me despierto cada mañana sintiéndome feliz por la vida.
21. Yo acepto la vida con sentido del humor y me encanta reírme con los demás.
22. Mi vida brilla y se ilumina cuando tengo pensamientos felices.
23. Aunque estoy trabajando duro en mis metas, recuerdo que es importante divertirse.
24. Ser feliz es una gran prioridad en mi vida, y recuerdo practicar este sentimiento todos los días.
25. Yo me permito disfrutar los pequeños momentos que observo todos los días a mi alrededor.
26. Siempre estoy buscando maneras de traer más felicidad y risas a mi vida.
27. Siempre puedo encontrar una razón para sonreír.
28. Yo soy feliz con las elecciones que hago en la vida.
29. Yo soy amigable con otras personas y les sonrío.
30. Yo extiendo mi felicidad a donde quiera que vaya.
31. Yo me comprometo a desarrollar el nivel más alto posible de felicidad en mi vida.
32. Yo atraigo pensamientos felices a donde quiera que vaya.
33. Yo amo mis recuerdos felices y pienso en ellos a menudo.
34. Yo practico la risa cada día.
35. Me gusta reír. Me río tan a menudo como puedo.
36. Yo soy feliz y libre, y es exactamente para lo que nací.

# Conclusión

Gracias por llegar hasta el final del libro *"Afirmaciones "Yo soy": 250 afirmaciones poderosas acerca de vivir en abundancia de riqueza, salud, amor, creatividad, autoestima, alegría y felicidad"*. Espero que haya sido informativo y haya podido brindarle todas las herramientas que necesita para alcanzar sus objetivos.

El siguiente paso es utilizar estas afirmaciones en su rutina diaria regular. Tal vez usted esté sufriendo de depresión, o simplemente no esté contento con el camino de su vida. Tal vez este teniendo problemas en su trabajo o quiera hacer grandes cambios en su vida. ¡Usar las afirmaciones es un gran primer paso para lograr esos cambios! El mayor obstáculo es usted y su forma de pensar. Por ejemplo, es muy fácil decirse a usted mismo que no sirve para hacer ejercicios porque no es bueno en eso. El uso de las afirmaciones puede cambiar ese tipo de pensamiento por completo y ayudarlo a convertirse en una persona mucho más saludable.

Para resumir, las afirmaciones son estas asombrosas declaraciones positivas que le ayudan a desafiar y superar los pensamientos negativos y de auto-sabotaje. Puede parecerle realmente tonto decirse a sí mismo que se siente hermoso todos los días. Pero piénselo así: hacemos ejercicios repetitivos para nuestra salud física, ¿no es cierto? Algunos de nosotros vamos a correr; algunos vamos al gimnasio y levantamos pesas. Hay muchos tipos diferentes de ejercicios físicos, pero todos tienen la misma cosa en común. Y es que nos ayudan a mejorar nuestra salud física. Entonces, ¿por qué nuestra salud mental y emocional debería ser diferente?

Para terminar, si este libro de alguna manera le pareció útil, ¡sus comentarios en Amazon siempre se agradecerán!

# Quinto Parte: Afirmaciones para el éxito

*250 afirmaciones positivas para crear hábitos diarios poderosos y comenzar la mañana con una autoestima alta, ganar dinero y construir relaciones beneficiosas*

# Introducción

Las afirmaciones son declaraciones positivas, inspiradoras y motivadoras que se pueden decir en voz alta o en silencio. Al repetir estas declaraciones, usted las afirma alto y claro en su mente subconsciente para influir en sus acciones.

Digamos que usted tiene una importante entrevista de trabajo. Continúe afirmándose a sí mismo que tendrá "una entrevista maravillosa". La mente subconsciente cree que esto es cierto porque no puede distinguir entre lo que usted desea y su realidad. Cuando la mente subconsciente cree que esta afirmación es cierta, dirige todas sus acciones hacia una entrevista de trabajo increíble, lo que le ayuda a superar la entrevista con un gran éxito.

Nuestra mente subconsciente tiene el poder de transformar nuestra realidad. Al repetir declaraciones positivas una y otra vez, las incorporamos en nuestro subconsciente que actúa sobre ellas para crear la realidad que deseamos.

Las afirmaciones son para su mente lo que el ejercicio físico es para su cuerpo. La repetición continua de estas afirmaciones positivas ayuda a reprogramar nuestra mente subconsciente para el éxito. Ayuda a eliminar las creencias limitadas impuestas por nosotros mismos y los sentimientos negativos para transformar a una persona de sus pensamientos limitados y pensamientos mediocres.

El poder de la afirmación otorga infinitas posibilidades a su realidad. "No puedo" se convierte en "definitivamente puedo", y la confianza en sí mismo renovada reemplaza sus temores e inseguridades. Las afirmaciones son recordatorios para que su mente subconsciente se mantenga bien encaminada. Le mantienen enfocado en sus objetivos y le ayudan a encontrar soluciones efectivas para obstáculos y desafíos en el camino.

Sus pensamientos tienen una frecuencia poderosa que tiene el potencial de crear su realidad. Las afirmaciones crean vibraciones más fuertes para la alegría, el éxito, el amor, la salud y el aprecio. A través de la ley de atracción, estas declaraciones positivas atraen a personas, oportunidades y cosas para ayudarlo a lograr sus deseos más íntimos. Consciente o inconscientemente, utilizamos afirmaciones. Sin embargo, es probable que no lo estemos haciendo bien, lo que significa que no estamos atrayendo lo que queremos traer a nuestras vidas. Al hablar o pensar constantemente sobre cosas que no queremos, ¡solo creamos más de ellas!

Recitar afirmaciones diariamente interrumpe y reemplaza nuestros pensamientos, ideas y creencias negativas. Para lograr esto, debe inundar continuamente la mente subconsciente con imágenes de la nueva realidad que desea crear.

Lo más importante que debe preguntarse es si realmente desea lo que está afirmando. Las dudas e incertidumbres se interpondrán entre usted y sus metas. Además, debe creer que realmente merece lo que quiere lograr. Si su creencia pierde poder, las afirmaciones pueden fallar. La razón por la que las personas no pueden obtener resultados es porque no creen en sus objetivos o no creen que merecen alcanzar estos objetivos.

Afirme con completa fe, amor, pasión e interés. Cree y actúe como si su deseo ya se hubiese cumplido. Estos pensamientos positivos aceleran su pensamiento hacia el cumplimiento de la meta de forma más rápida y efectiva. Por supuesto, cuando sus circunstancias actuales y sus metas están muy alejadas, es natural tener pensamientos negativos. Sin embargo, la perseverancia es la clave.

# Capítulo uno: El uso del poder de las afirmaciones para aumentar su efectividad

## 1. Mantener las afirmaciones en el presente

Una de las reglas más importantes de las afirmaciones es mantenerlas en el presente. Mantener sus afirmaciones en el presente asegura que la mente subconsciente trabaje sobre ellas como si ya estuvieran sucediendo, por lo tanto, mantenga sus acciones en línea con estos pensamientos poderosos y positivos. Si usted contempla que algo está en el futuro, reforzará la falta de ello en su vida, lo que dificulta su obtención.

Cuando usted cree que ya tiene lo que quiere, las afirmaciones envían señales poderosas a su subconsciente para influir en su comportamiento hacia el logro de la meta. Recitar sus afirmaciones en el presente le ayuda a crear las visualizaciones, pensamientos y sentimientos necesarios en línea con la meta deseada. Las frases "lo haré" y "yo soy" impactarán sus frecuencias de pensamiento de diferentes maneras. Recuerde esta poderosa cita: "Conocer y sentir sus deseos debe preceder a su cumplimiento". Primero debe internalizar y creer que ya tiene lo que desea tener.

## 2. Sea preciso

Las afirmaciones deben ser claras, específicas e inequívocas. Debe enfocarse en un solo objetivo a la vez para aumentar su eficacia. Centrarse en lograr varios objetivos con una sola declaración puede terminar enviando señales confusas al subconsciente. Puede usar múltiples afirmaciones para lograr varios objetivos por separado, pero mantenga un solo objetivo por afirmación. Aumente sus posibilidades de lograr sus objetivos manteniéndolos específicos y detallados. Explique explícitamente todos los beneficios de lograr sus metas.

Su subconsciente debe tener una imagen clara del trabajo por hacer. Las imágenes ambiguas no le dan a su mente un marco adecuado para operar, lo que puede guiar sus acciones en la dirección equivocada.

Por ejemplo, si desea aumentar las ganancias de su negocio, indique cuánto quiere aumentarlas. Las ganancias pueden aumentar en un 50%. ¿Eso le gustaría? Sea preciso si quiere resultados. Afirme el porcentaje exacto en el que desea que sus ganancias aumenten durante el año. Las metas y afirmaciones deben ser específicas para llevar a casa los resultados requeridos.

## 3. Las afirmaciones no deben tener palabras o frases negativas

Otra regla al recitar o escribir afirmaciones es apegarse a palabras o frases positivas. Usted debe evitar la palabra "no" simplemente porque la mente subconsciente no puede procesar frases y palabras negativas. El subconsciente eliminará las palabras negativas y hará lo contrario de lo que usted quiere.

Por ejemplo, si dice: "No me falta la abundancia", el subconsciente elimina el "no" y lo que queda es "me falta la abundancia", y esto es exactamente lo contrario de lo que usted pretende lograr. Evite palabras como: no, nunca, no puedo y no lo haré, en sus afirmaciones. Concéntrese en lo que quiere lograr y obtener.

Nuestros pensamientos y palabras tienen una relación directa con las visualizaciones creadas dentro del subconsciente. Cuando dirigimos nuestras palabras o acciones hacia lo que buscamos eliminar, estas visualizaciones ganan más prominencia. Entonces, cuando enfatizamos lo que no queremos, establecemos una influencia en nuestra mente subconsciente para que se centre en lo que no queremos. Recuerde, sus imágenes mentales se convierten en la conversación interna de su mente. Concéntrese en lo que desea crear y deje que el subconsciente influya en sus acciones de manera positiva.

Por ejemplo, en lugar de hablar sobre cuántas libras desea perder para adelgazar, hable sobre cuál es su peso ideal. La forma adecuada de hacerlo es enfatizar lo que quiere lograr y no lo que desea eliminar de su vida. Además, evite usar frases de deseo como "me gustaría" o "lo deseo", ya que solo enfatizan lo que le falta en su vida. Si usted sigue enfatizando la ausencia de algo en su vida, solo atraerá más esa ausencia. Por lo tanto, afirme solo acciones positivas y estados de existencia.

## 4. Recítatelas varias veces

Las afirmaciones tienen el poder de reprogramar su subconsciente solo cuando se repiten varias veces. Deben decirse un mínimo de 20 veces al día. Continúe con la práctica hasta que la mente esté lista para aceptar estas afirmaciones como verdades. Una vez que la mente acepta estas afirmaciones como realidad, las repeticiones solo continúan reforzando el mensaje en su mente. Haga de las afirmaciones un hábito de por vida.

Cuando repite las afirmaciones varias veces en su mente, comienzan a ser una realidad. Se hacen realidad porque su creencia en ellas se hace más fuerte. Asegúrese de que sus afirmaciones sean positivas, genuinas, audaces y claras.

## 5. Una sola palabra puede intensificar el significado

Sus afirmaciones se pueden intensificar sin esfuerzo simplemente con el uso de una sola palabra. Hay una gran diferencia entre: "Estoy ganando un millón de dólares cada mes" y "Estoy ganando fácilmente un millón de dólares cada mes".

Observe cómo la palabra "fácilmente" presta a la afirmación una sensación de esfuerzo y calma para aumentar su frecuencia emocional positiva. Actúe para complementar la afirmación. Cada vez que usted se sienta desconectado de la afirmación, intente redactarla de manera un poco diferente. Las afirmaciones pueden llevar un tiempo para que funcionen. Sin embargo, una vez que comienza el proceso, los resultados se pueden ver casi de inmediato. Puede parecer un gran esfuerzo inicialmente sin ningún resultado. Sin embargo, una vez que lo haga un hábito, ¡funciona de maravilla!

# Capítulo dos: Afirmaciones para la confianza en sí mismo

1. Yo merezco ser feliz, realizado y exitoso.

2. Yo tengo el poder y el potencial para cambiarme a mí mismo.

3. Yo puedo tomar mis propias decisiones y elecciones.

4. Yo soy libre de tomar mis propias decisiones y elecciones.

5. Yo puedo elegir vivir como quiero mientras le doy prioridad a mis deseos, metas y sueños.

6. Yo elijo la felicidad cada vez que quiero, independientemente de las circunstancias.

7. Yo soy abierto, adaptable y flexible para cambiar en cada esfera de mi vida.

8. Yo actúo desde una posición de confianza, seguridad en mí mismo y alta autoestima cada día de mi vida.

9. Yo siempre hago mi mejor esfuerzo.

10. Yo merezco el amor que recibo.

11. Me gusta conocer extraños y acercarme a ellos con entusiasmo, interés y audacia.

12. Yo soy creativo, perseverante y autosuficiente en todo lo que hago.

13. Aprecio el cambio y me adapto rápidamente a nuevas circunstancias.

14. Siempre observo lo positivo en los demás.

15. Yo soy único. Me siento maravilloso por estar vivo, de ser feliz y de ser yo.

16. La vida es gratificante, divertida y agradable.

17. Hay muchas oportunidades increíbles para mí en todos los aspectos de la vida.

18. Mi vida está llena de oportunidades en todas partes.

19. Los desafíos siempre sacan lo mejor de mí.

20. Reemplazo "debo", "debería" y "tengo que" con "elijo" y noto la diferencia.

21. Yo elijo estar en un estado de felicidad en este momento. Yo disfruto mi vida.

22. Aprecio todo lo que está sucediendo en mi vida ahora. Realmente amo mi vida.

23. Yo vivo en un lugar de alegría.

24. Yo soy valiente, audaz y sin miedo.

25. Yo soy positivo, optimista y siempre creo que las cosas saldrán mejor.

26. Es fácil para mí hacer amigos, ya que atraigo a personas positivas, compasivas y amables a mi vida.

27. Yo soy un creador poderoso porque hago la vida que deseo.

28. Estoy bien porque me amo y me acepto como soy.

29. Yo confío completamente en mí mismo, y soy una persona segura.

30. Tengo éxito en mi vida en este momento.

31. Yo soy apasionado, entusiasta e inspirador.

32. Tengo paz, serenidad, calma y positividad.

33. Yo soy optimista de que todo saldrá bien para mejor.

34. Yo tengo recursos ilimitados, poder, confianza y positividad a mi disposición.

35. Yo soy amable, cariñoso y compasivo, y me preocupo por los demás.

36. Yo soy persistente, perseverante y enfocado. Yo nunca renuncio.

37. La autoconfianza es mi segunda piel. Soy enérgico, apasionado y entusiasta.

38. Yo trato a todos con amabilidad, compasión y respeto.

39. Inhalo confianza en mí mismo y exhalo dudas.

40. Yo soy flexible y me adapto para cambiar al instante.

41. Yo poseo infinitas reservas de integridad. Soy fiable y hago exactamente lo que digo que haré.

42. Yo soy astuto e inteligente.

43. Yo soy competente y capaz.

44. Yo creo completamente en mí mismo.

45. Reconozco e identifico todas las buenas cualidades que poseo.

46. Yo soy fabuloso, glorioso y asombroso. No hay nadie más como yo.

47. Siempre veo lo mejor en todos los que me rodean.

48. Rodeo mi vida con personas que sacan lo mejor de mí.

49. Libero los pensamientos y sentimientos negativos que tengo sobre mí mismo.

50. Yo amo a la persona en que me convierto cada día.

51. Siempre estoy creciendo, cuidando y desarrollando.

52. Mis opiniones coinciden con lo que realmente soy.

53. Merezco toda la felicidad y el éxito en el mundo.

54. Yo poseo el poder de cambiarme a mí mismo.

55. Yo soy competente para tomar mis propias decisiones.

56. Tengo total libertad para elegir vivir como deseo y dar prioridad a mis voluntades y deseos.

57. Yo elijo la felicidad cada día, independientemente de mis circunstancias externas.

58. Yo puedo decir con confianza lo que pienso.

59. Tengo respeto por los demás, lo que hace que a los demás les guste y me respeten.

60. Mis pensamientos, opiniones y acciones son invaluables.

61. Yo confío en que puedo lograr todo lo que quiero hoy y todos los días.

62. Yo tengo algo maravilloso y especial que ofrecer al mundo.

63. La gente me ama, me admira y me respeta.

64. Yo soy una persona increíble que se siente muy bien conmigo misma y con mi vida maravillosa.

65. Yo estoy haciendo mi mejor esfuerzo con la experiencia, las habilidades y el conocimiento que tengo.

66. Sentirme bien conmigo mismo es una segunda naturaleza para mí.

67. Tengo dedicación, disciplina y buenos hábitos.

68. Siempre cumplo mis promesas, lo que hace que las personas me amen y me respeten.

69. Yo me trato a mí mismo con amabilidad y compasión.

# Capítulo tres: Afirmaciones para el éxito

70. Yo tengo el poder, el potencial y la capacidad para crear toda la prosperidad, el éxito y la abundancia que deseo.

71. Mi mente está completamente libre de resistencia y está abierta a nuevas, emocionantes y maravillosas posibilidades.

72. Yo merezco ser exitoso y soy digno de recibir todo lo bueno que la vida tiene para ofrecerme.

73. Yo estoy agradecido por todos los talentos, habilidades y destrezas que contribuyen a mi éxito.

74. El universo está lleno de oportunidades y posibilidades ilimitadas para mi carrera.

75. Yo soy de mente abierta y con ganas de explorar nuevas vías y posibilidades de éxito.

76. Yo reconozco cada oportunidad que toca en mi puerta y la aprovecho de inmediato.

77. Cada día descubro nuevos caminos emocionantes, prometedores e interesantes para viajar.

78. Veo y experimento la prosperidad dondequiera que miro.

79. Yo amo mi trabajo. Es beneficioso, satisfactorio, gratificante y es una parte de mi viaje hacia un éxito más grande.

80. Mi ambición está en perfecta armonía con mis valores personales y profesionales.

81. Trabajo con personas inspiradoras, apasionadas, entusiastas y fascinantes que comparten mi entusiasmo por el trabajo y el éxito.

82. Al crear el éxito para mí, también estoy creando oportunidades para el éxito de los demás.

83. Me siento poderoso, positivo, confiado y tranquilo al enfrentar nuevos desafíos.

84. Yo atraigo a personas exitosas y poderosas que me motivan, comprenden e inspiran.

85. Celebro cada meta que logro con felicidad y agradecimiento.

86. Cuanto más éxito tengo, más seguro y poderoso me siento.

87. Siempre atraigo las circunstancias perfectas en el momento perfecto. Estoy en el lugar correcto en el momento adecuado.

88. Yo estoy agradecido por todo el éxito que fluye en mi vida.

89. Yo confío totalmente en mi intuición para guiarme hacia la toma de decisiones inteligentes y sabias.

90. Me mantengo enfocado en mi visión y sigo mi trabajo diario con entusiasmo y pasión.

91. Cada día está lleno de nuevas posibilidades, ideas y caminos que me inspiran.

92. El éxito me llega fácil y sin esfuerzo porque me doy cuenta de todo lo que hago.

93. Me enorgullece totalmente mi capacidad para hacer valiosas contribuciones al mundo que me rodea.

94. Siempre espero resultados positivos, y como resultado, los atraigo naturalmente.

95. Tengo la fortuna de atraer mentores brillantes y poderosos que comparten generosamente sus conocimientos, sabiduría e ideas conmigo.

96. Al permitir la abundancia y el éxito en mi vida, se me abren aún más puertas para el éxito y la oportunidad.

97. Puse estándares muy altos para mí y siempre los cumplí.

98. Tengo un suministro inagotable de ideas nuevas y brillantes que me ayudan a tener más éxito con cada día que pasa.

99. Estoy creando constantemente una vida de felicidad, éxito y abundancia.

100. Amo a la persona que soy e invariablemente atraigo a las personas que me admiran y me respetan como personas únicas.

101. Estoy haciendo que el planeta sea un mejor lugar para vivir al ser una influencia poderosa, inspiradora y positiva.

102. Yo pienso y sueño en grande, lo que siempre me trae éxito.

103. Cada día me visto para el éxito, la abundancia y la prosperidad en mente, cuerpo y espíritu.

104. Yo estoy realmente agradecido por mi éxito, abundancia y prosperidad financiera.

105. Yo soy entusiasta y apasionado por ser más exitoso.

106. El universo siempre me ayuda de alguna manera a lograr mis metas y deseos.

107. Mis sueños se manifiestan ante mis ojos.

108. La riqueza del universo está circulando para siempre en mi vida y fluye hacia mí en avalanchas de éxito y prosperidad.

109. Yo soy ambicioso, impulsivo, inspirado y motivado por mis metas de cada día.

110. Yo tengo el poder de levantarme a mí mismo y a mi espíritu cuando lo deseo.

111. Me resulta fácil y sin esfuerzo ser optimista.

112. El éxito viene a mí de forma natural y sin esfuerzo en todas las áreas de mi vida.

113. Mis afirmaciones de felicidad, prosperidad y éxito siempre me dan resultados.

114. Mi éxito impulsa y motiva a otras personas.

115. Yo soy decisivo en mis acciones que conducen a un mayor éxito, felicidad y prosperidad.

116. Es fácil para mí lograr todas mis metas.

117. El universo es mi amigo y me ayuda a lograr todos mis deseos, sueños y metas con facilidad.

118. Mi éxito hace que otras personas se sientan atraídas hacia mí.

119. Siempre estoy mejorando todos los aspectos de mi vida.

120. Yo tengo el deseo y la fuerza de voluntad para escalar grandes alturas de éxito.

121. Me ofrezco de todo corazón al universo, y me llena de recompensas y éxitos ilimitados.

122. Mi visión crea el éxito que me rodea.

123. La felicidad, la alegría, el éxito y la prosperidad son una segunda naturaleza para mí.

124. Lograr mis metas es muy fácil y sin esfuerzo.

125. Yo estoy mejorando continuamente todas las áreas de mi vida.

126. Yo estoy donde deseo estar ahora.

127. Mi vida es un viaje increíblemente asombroso, emocionante y maravilloso.

128. Mis creencias y mis pensamientos crean mi realidad, y soy el amo de mis pensamientos.

129. Yo tengo el poder de crear mi vida exactamente como la deseo.

130. Todo lo que deseo, necesito y quiero profundamente ya está ahí afuera esperando que yo vaya a buscarlo.

131. Yo estoy lleno de energía positiva infinita, pensamientos positivos y acciones positivas.

132. Yo estoy destinado al éxito y la grandeza.

133. Hoy y todos los días, doy varios pasos hacia el cumplimiento de mis metas.

134. Mi mente, mi energía positiva, mi tenacidad y mi capacidad pueden mover montañas.

135. Me siento renovado, decidido, motivado y emocionado de superarme hoy y cada día.

136. Mis pensamientos, ideas y creencias son las semillas de mí éxito.

# Capítulo cuatro: Afirmaciones para la riqueza, la prosperidad y la abundancia

137. Mis acciones crean riqueza, abundancia, seguridad y prosperidad consistentes.

138. Estoy completamente alineado con la energía del dinero, la riqueza y la abundancia.

139. Estoy abierto, receptivo y acepto todas las riquezas que el universo tiene para ofrecerme.

140. Siempre me son atraídas inimaginables riquezas y abundancia.

141. Siempre me permito bañarme en abundancia financiera y la comparto generosamente.

142. El dinero y las riquezas fluyen a través de mí como las olas del océano sin fin.

143. Yo siempre estoy pensando en el dinero, la riqueza, la prosperidad y la abundancia.

144. Soy un empresario rico y millonario que vive una vida de ensueño bajo mis propios términos.

145. Yo irradio el aura de la riqueza, la prosperidad, y la abundancia.

146. Mis riquezas siempre están creciendo a medida que me ofrezco más para servir al mundo.

147. Yo soy económicamente próspero y el dinero me llega de manera natural y abundante.

148. Me dejo bañar en prosperidad, abundancia, riqueza y éxito financiero.

149. Las riquezas siempre encuentran su camino hacia mí, y siguen viniendo.

150. El dinero es maravilloso. Amo y adoro el dinero.

151. Tengo todo el dinero y los recursos materiales del mundo para proporcionarme todo lo que deseo.

152. Cada día, más y más dinero es atraído hacia mí a la velocidad de la luz.

153. Ganar dinero a través de múltiples fuentes se me da bien y sin esfuerzo.

154. El dinero es una energía que fluye libremente y que, de manera natural y sin esfuerzo, entra en mi vida continuamente.

155. Mis energías están alineadas para recibir dinero, abundancia y prosperidad del universo.

156. No hay límite a la cantidad de riqueza, prosperidad, dinero y abundancia que soy capaz de hacer.

157. Yo soy muy rico, próspero y millonario. El dinero fluye hacia mí desde todas las direcciones.

158. Yo persigo todos mis sueños para obtener riqueza y disfruto de todo lo que deseo en la vida.

159. Yo estoy agradecido por el dinero, la abundancia y la riqueza que entra en mi vida todo el tiempo.

160. Invierto el 100% de mi energía en grandes negocios que me hacen ganar mucho dinero.

161 Cuando recibo una gran riqueza, me doy cuenta de que es un resultado directo del servicio que doy a otras personas.

162. Yo me siento satisfecho, bendecido y feliz de poder proporcionar generosamente a mis seres queridos.

163. No hay límite para la cantidad de riqueza, activos y dinero que puedo poseer.

164. Estoy agradecido de tener más dinero, riqueza, prosperidad y abundancia de lo que nunca imaginé.

165. Estoy feliz, bendecido y agradecido porque siempre tengo más que suficiente de todo lo que deseo y necesito.

166. Siento una profunda gratitud hacia la divina providencia por el magnífico flujo de gran e infinita abundancia en cada aspecto de mi vida.

167. Yo soy profundamente próspero y estoy agradecido por todo lo que el universo tiene para ofrecerme.

168. Atraigo a la prosperidad y la abundancia continuamente y, a su vez, ellas me atraen a mí.

169. Yo estoy extremadamente feliz ahora, porque cosas positivas y sorprendentes continúan sucediendo en mi vida.

170. Yo tengo un corazón muy agradecido que sigue atrayendo todo lo que deseo hacia mí.

171. Me doy cuenta de que merezco ser totalmente próspero, rico y millonario en todo lo que hago.

172. Mi gratitud aumenta con cada cosa buena que entra en mi vida como una bendición del universo.

173. El mundo es realmente un lugar maravilloso para vivir, y estoy disfrutando de mi viaje positivo y entusiasta aquí.

174. Yo siempre estoy rodeado de alegría, felicidad y amor donde quiera que vaya.

175. Yo soy un ser creativo, innovador, inspirador y próspero.

176. Yo sigo creando nuevos y maravillosos hábitos positivos que me acercan a mis metas y me ayudan a crear riqueza y prosperidad.

177. Comienzo cada día con un profundo sentido de gratitud, energía positiva, emoción y alegría por toda la abundancia que me espera.

178. Yo estoy muy feliz porque tengo todo lo que quiero. Me amo a mí y amo a todos a mí alrededor.

179. Yo estoy en un estado constante de alegría, prosperidad, abundancia y realización. Soy libre de hacer lo que deseo.

180. Tengo recursos ilimitados e inagotables para disfrutar la vida de mis sueños y deseos.

181. Mi trabajo es un asunto avasallador que me ayuda a atraer todo lo que necesito y quiero.

182. Estoy eternamente agradecido al universo por la riqueza, la prosperidad y la abundancia en mi vida.

183. Yo soy parte del universo infinito, donde estoy profundamente conectado con todo lo que necesito, ahora y en el futuro.

184. Yo soy invaluable para otras personas, y ellos son invaluables para mí. Soy un ser de ideas creativas, acciones y pensamientos ilimitados.

185. Hay más que suficiente riqueza y abundancia para todos. Hay abundancia, riqueza, dinero y prosperidad donde quiera que vaya.

186. Ser rico y millonario es mi primogenitura. Yo merezco ser rico, ya que es parte de mi identidad. Rico es lo que soy.

187. Bendigo a todas las personas prósperas, abundantes, ricas y millonarias. Bendigo sus riquezas y les envío un gran amor.

188. Soy un hijo de Dios, el universo y el ser superior. Puedo tener todo lo que veo a mi alrededor.

189. Cada día me vuelvo más rico a través de múltiples fuentes de riqueza.

190. El dinero es genial porque lo uso para cosas maravillosas. Uso la riqueza para el bien para todos.

191. El dinero es energía que se crea en la mente. El dinero está en mi mente. Mi mente y mis pensamientos crean dinero para mí continuamente, día tras día.

192. Yo merezco tener mucho dinero. Atraigo grandes cantidades de dinero todo el tiempo donde quiera que vaya.

193. Ser rico, millonario y próspero me da el poder de tocar las vidas de innumerables personas y marcar una gran diferencia en sus vidas. El dinero y la abundancia me permiten ayudar a la gente.

194. Soy un administrador de dinero maravilloso y el amo de mi destino. Estoy completamente en control de mi riqueza y vida financiera.

195. Cada centavo que fluye en mi vida trabaja duro para mí y me ayuda a crear más y más riqueza cada día.

196. Cuanto más dinero doy, más rico, más millonario y más próspero me convierto.

197. Mis seres queridos se benefician de mi riqueza, prosperidad y abundancia. Están verdaderamente agradecidos por la abundancia y las riquezas que están dentro de mí.

198. Yo estoy eternamente agradecido por la abundancia que disfruto en mi vida ahora mismo.

199. Agradezco sinceramente todas las asociaciones positivas con el dinero, la abundancia, la riqueza y la prosperidad.

200. Respiro riqueza y abundancia. Cada vez que respiro aumenta la sensación de abundancia, prosperidad y conciencia que me rodea.

201. Tengo una mentalidad millonaria. Pienso, actúo, siento y me comporto como un verdadero millonario. Yo soy un millonario.

202. Yo dejo que la riqueza, la abundancia y la prosperidad fluyan libremente en mi vida.

# Capítulo cinco: Afirmaciones para relaciones beneficiosas

203. Estoy dispuesto a ver las situaciones de diferentes maneras al estar abierto a las ideas y comentarios de otras personas que me rodean.

204. Perdono a los demás y los dejo ir, sabiendo que también estoy perdonado.

205. Traigo positividad a cada día, sabiendo bien que se multiplicará en otras personas a mi alrededor.

206. Yo veo a otras personas como la bendición del universo para mí.

207. Yo elijo ver y creer en la bondad de todos los que me rodean.

208. Yo siempre busco lo mejor en todos.

209. Siempre estoy abierto y listo para servir a los demás, porque el servicio es integral para el verdadero liderazgo.

210. Las personas son una bendición para nutrir y enriquecer mi mundo.

211. Siempre estoy rodeado de amor, y todo lo que está a mi alrededor está bien.

212. Hago que mi pareja se sienta amada y apreciada todos los días. Ambos somos el sistema de apoyo del otro.

213. Yo sé que soy maravilloso y merezco amor.

214. Cuanto más invierto en mí, mejores serán mis relaciones.

215. Siempre estoy atrayendo a personas amorosas y cariñosas a mi vida.

216. Una corriente inagotable de amor se origina en mi ser.

217. Una corriente infinita de amor, alegría y felicidad irradia desde dentro de mí.

218. Tengo amor, alegría y amistad ilimitados para ofrecer a las personas.

219. Cuanto más amor doy, más soy capaz de recibir.

220. El universo me guía e influye positivamente en todas mis relaciones.

221. Todas mis relaciones son amorosas y armoniosas.

222. Mi universo está lleno de relaciones positivas y amorosas.

223. Yo soy una manifestación del amor divino.

224. Me guía el amor incondicional del universo.

225. Mis relaciones siempre funcionan para el bien de todos.

226. La puerta al gran amor incondicional e inagotable siempre está abierta para mí.

227. El universo tiene relaciones amorosas establecidas para mí. Estoy listo para disfrutarlas.

228. Disfruto siendo la mejor versión de mí mismo para mi felicidad y la de mi pareja.

229. Yo confío en mi pareja más y más cada día.

230. Yo disfruto estar en una relación gratificante y satisfactoria.

231. La felicidad y la alegría de mi pareja sí me importan.

232. Existe una profunda confianza y entendimiento entre mi pareja y yo.

233. Cada día de mi vida está lleno de amor infinito.

234. Mi pareja se siente atraída por cada parte de mí y me encuentra sexy.

235. Siempre uso palabras amorosas, conmovedoras y amables cuando me comunico con las personas.

236. He encontrado a mi alma gemela, ya que soy una persona cariñosa y compasiva que merece el amor verdadero.

237. Me comunico con mi pareja de una manera amable, gentil y amorosa.

238. Todas mis relaciones son saludables porque están profundamente arraigadas en el amor, la alegría y la compasión.

239. El perdón, el amor y la compasión forman la base de todas mis relaciones.

240. Irradio amor y positividad, y recibo amor de los demás.

241 Mi vida está llena de amor, y encuentro amor donde quiera que voy.

242. Mi pareja se siente física, mental y espiritualmente atraída hacia mí.

245. Mis relaciones románticas son saludables, satisfactorias y duraderas.

246. Mi pareja es una persona atractiva, apasionada y encantadora. Compartimos una gran química sexual.

247. Mi pareja y yo somos divinamente compatibles como almas gemelas.

248. Yo celebro mi amor y mi vida cada día.

249. La magia, el amor y los milagros rodean a mis relaciones.

250. Yo me merezco una persona leal y fiel a mí.

# Conclusión

Sinceramente espero que haya podido ayudarle a aprender más sobre el éxito, la riqueza, las relaciones y otras afirmaciones, y al mismo tiempo le haya enseñado estrategias prácticas a través de las cuales puede comenzar a utilizar las afirmaciones para transformar su vida personal.

Este libro está lleno de afirmaciones para atraer mejor salud, riqueza, amor y éxito. Estas afirmaciones son fáciles de recordar y decir, y tienen el poder de cambiar verdaderamente su vida si las usa correctamente.

www.ingramcontent.com/pod-product-compliance
Lightning Source LLC
Chambersburg PA
CBHW030118100526
44591CB00009B/450